VIE D'UN HOMME DE BIEN

DOCTEUR GARIN

MÉDECIN DE L'HOTEL-DIEU DE SAINT-ÉTIENNE

PAR

E. MARGUERIT

SAINT-ÉTIENNE
IMPRIMERIE THÉOLIER ET Cⁱᵉ
Rue Gérentet, 12

1885

VIE D'UN HOMME DE BIEN

DOCTEUR GARIN

MÉDECIN DE L'HOTEL-DIEU DE SAINT-ÉTIENNE

PAR

E. MARGUERIT

SAINT-ÉTIENNE
IMPRIMERIE THÉOLIER ET Cie
Rue Gérentet, 12.

1885

VIE D'UN HOMME DE BIEN

INTRODUCTION

Henri Pereyve, ce doux et sympathique disciple de Lacordaire, a écrit ces lignes :

« Choisissez le médecin modeste, honnête, grave, désintéressé qui se rencontre plus souvent qu'on ne croit..... Reconnaissez-le à la simplicité de ses manières, à cette noble bonhomie qui vient du cœur, et d'un esprit qui a vu souffrir. Plus il sera court en promesses, plus vous devez espérer en lui : Ayez confiance en lui s'il est savant ; cent fois plus s'il est bon. »

Il est impossible de faire un portrait plus juste et plus fidèle de l'homme de bien dont nous évoquons le souvenir : il en réunissait tous les traits, car à la simplicité et à la noble bonhomie, il ajoutait le savoir, et surtout la bonté !

C'est cette bonté féconde, dont le nom chrétien est : Charité, qui l'inclinait sans cesse vers les déshérités de la vie ; jamais il ne s'est lassé de leur prodiguer ses soins, même quand les appels faits à sa science reconnue remplissaient ses jours et même ses nuits du plus noble des labeurs. Aussi ceux qui, dans une populeuse cité, se consacrent à soulager sous toutes leurs formes la pauvreté et la souffrance, sachant combien la cause du malheur était pour lui sacrée, ont compté pendant de nombreuses années sur ce dévouement admirable dont les actes se voilaient d'une modestie peut-être trop excessive. Mais aussi que cette simplicité touchante le rendait accessible aux humbles et aux petits !

Une mort rapide est venue interrompre cette noble vie, pour en être le couronnement et le triomphe, car l'énergique courage qui l'avait marquée d'une si profonde empreinte grandit encore devant l'épreuve suprême ; il l'accepta, non seulement en stoïque, mais en chrétien.

De longs jours de paix semblaient cependant lui être assurés, car il allait réaliser le modeste projet de bonheur qui avait été sa seule ambition : Revoir le pays natal toujours aimé, et jouir du confortable *at home* champêtre, lentement et avec amour préparé et embelli.

La vie allait donc lui être douce, et une séparation amère coûtait à sa tendresse, mais cette vive foi, qui fut le secret de sa force et de son dévouement, fut alors celui de sa résignation. Simple et grand à la fois, il voulut dès l'abord fortifier en son âme les divines espérances. On vit donc, comme un saisissant contraste avec les défaillances présentes, et un scepticisme trop souvent affiché, le bienfaisant médecin, le bon serviteur qui avait supporté le poids du jour et du labeur, prévenir l'engourdissement du mal, et demander lui-même les consolations sacrées du culte dont il avait pratiqué avec une fermeté constante les plus austères leçons en aspirant à ses rayonnantes promesses. Aussi, quand les efforts de la science parurent vaincus, le cœur brisé des siens, ne pouvant se résigner à une telle perte, voulait encore espérer ; mais lui, malgré les angoisses du mal qui l'étreignait, vit avec une sereine tranquillité se dénouer les derniers liens terrestres. Ah ! sans doute, dans l'ombre de l'effrayant passage, se mêlait déjà une céleste lumière. Et maintenant, nous le croyons, il vit dans cette immortalité à laquelle il a eu le bonheur d'aspirer. Mais le souvenir de cette belle vie ne s'est pas éteint ; ni dans le cœur des pauvres et des souffrants qui ont pleuré sa perte, ni dans celui de tous ceux qui l'estimaient et le vénéraient. C'était pour nous le bon docteur, car il était notre médecin, mais surtout notre ami.

Pendant plus de vingt ans, nos vies s'étaient mêlées dans cette intimité charmante où les pensées s'épanchent sans restriction, où l'estime et l'affection créent peu à peu des liens si forts qu'ils ne peuvent plus se rompre, et que le cruel vide de l'absence et de la séparation ne se comble jamais.

Il nous a quitté.... L'exemple doux et viril de sa vertu ne vient plus nous consoler des amertumes d'une époque troublée. Que de fois n'avons-nous pas échangé en redites attendries les espérances de l'avenir ou les souvenirs des jours passés ! Ces souvenirs gardés fidèlement nous restent seuls, et avant que l'impitoyable marche du temps ne vienne les voiler à jamais, nous avons essayé de les retracer en suivant le cours de cette vie énergiquement consacrée au devoir, et toute remplie de nobles exemples et de sérieux enseignements.

I.

PENOL

Nous sommes en plein Dauphiné.

La petite ville de la Côte-Saint-André a pris sans doute son nom du riant coteau au pied duquel elle est assise, et qui, tout chargé de pampres et de verdure, s'étend de l'Est à l'Ouest devant une vaste plaine, dont la féconde uniformité ferait songer aux champs monotones de la Brie, si les contreforts des Alpes, se profilant sur le ciel pur, ne formaient à cet horizon un cadre grandiose.

La blanche et large route qui, conduisant à la Côte, suit les ondulations de la colline, est bordée, dans presque tout son parcours, de ces arbres magnifiques, une des beautés du Dauphiné qui en possède tant.

Ils puisent dans cette terre généreuse une abondante sève qui s'épanouit en jets vigoureux. Les grands peupliers balancent dans l'air leurs cîmes élancées, les noyers touffus, les gros châtaigniers étendent leurs vertes branches ; le feuillage du tremble frissonne et les platanes élèvent au-dessus leurs dômes majestueux. Chaque accident du chemin semble les masser en un seul groupe, et l'œil charmé se repose sur cette perspective de verdure qui se déroule en nuances multiples.

A quelques kilomètres de la petite ville, de rustiques maisons s'égrènent sur la route, puis se rapprochent ; une vieille église que l'exhaussement du sol a placée en contre-bas fait vis-à-vis à la maison commune ; une auberge, puis encore quelques constructions avec leurs détails champêtres, et l'on a traversé le village de Penol.

Parmi les dernières habitations, se trouve un groupe de bâtiments plus importants. C'était le cher foyer du bon docteur, la demeure paternelle des Garin.

Calixte GARIN était né au village de Bossieux, en 1826, mais quelques années plus tard, son père, voulant exploiter les domaines qu'il possédait à Penol, revint s'y fixer pour toujours avec sa jeune famille.

Un grand malheur venait de la frapper, en enlevant une mère à de petits enfants incapables de ressentir alors l'étendue d'une telle perte.

Combien cette tendresse maternelle qui s'allie à une vigilante sollicitude devait leur manquer ! Certes, M. Garin père fut un digne chef de famille, mais à l'exploitation de ses propriétés s'était ajouté le souci de l'administration de sa commune, charge qu'il devait garder trente ans. Il ne pouvait donc entrer dans les détails d'une première éducation, qui fut ainsi, forcément, confiée à des soins mercenaires. Il maintenait du moins une austère discipline, et s'il ne se servit pas des verges de l'Ecriture, sa sévérité, qui s'accentuait de corrections *in manu*, ne se laissait jamais aller à ces doux épanchements qui épanouissent l'âme des nouveaux venus dans la vie.

Le petit Calixte était né avec un esprit vif et un cœur d'une tendresse presque féminine, mais, outre une certaine originalité dans les idées, il était pétulant, avide de bruit ; aussi ses deux sœurs et son frère s'attiraient, disait-il, moins souvent que lui les sévérités paternelles.

Et cependant, comme il aimait à retrouver le souvenir lointain de ces premières années ! et à nous retracer l'impression enivrante des courses vagabondes !

En sortant de la bruyante demeure, il trouvait devant elle l'espace s'étendant libre, dans un vaste horizon. Derrière, les verts sentiers rejoignaient le bois et ses charmantes retraites. A droite, les vieux châtaigniers ombrageaient des tapis de mousse et de gazon ; à gauche, l'eau courait jusqu'à ce que des moulins babillards la fissent rejaillir en pluie d'écume.

Tous ces tableaux champêtres se gravaient dans une imagination profondément sensible à leur poésie ; mais rien ne venant l'inciter à exprimer ses sensations, il les gardait sans jamais essayer de les formuler.

Pourquoi donc, lui si vif, restait-il de longs moments immobile, oubliant l'heure, oubliant ses jeux ? Il ne le savait. Mais ces extases solitaires devaient laisser en son âme des traces si fortes, que le souvenir du pays natal fut l'enchantement de sa laborieuse carrière, et son retour vers lui le but qu'il donnait au soir de sa vie.

Il souriait donc à cette enfance à la fois si libre et si comprimée, et dans les longues causeries de l'intimité, nous en contait souvent les incidents avec une bonhomie à la fois spirituelle et touchante qui ajoutait à notre rire une impression émue.

Mais pourquoi ne redirais-je pas une ou deux des anecdotes avec lesquelles il nous peignait si bien ses allures enfantines ?

« Je venais, nous disait-il, de faire une de ces
« longues promenades dont je ne me lassais
« jamais. La journée avait été splendide, le soleil
« se couchait dans une espèce de gloire, et j'avais
« le cœur comme oppressé d'une admiration
« inconsciente à ce spectacle.

« J'étais alors dans une de nos terres déjà
« moissonnées ; tout à coup le petit pâtre assis à
« l'ombre d'un gerbier m'arracha à mon immobile
« contemplation : « Monsieur Calixte, venez donc
« voir ! » et moi, d'accourir. Il venait de trouver
« un nid de ces petites souris des champs nom-
« mées campagnoles. Leurs petits museaux
« étaient si roses, leurs yeux noirs si vifs que la
« capture me parut superbe. Enfin, c'était une
« distraction pour les tristes veillées ; car devant
« le père, revenu au foyer, on ne songeait plus
« à bouger, ni à rire. Mais (voilà où était l'intérêt)

« que d'adresse il faudrait déployer pour dissi-
« muler les prisonnières !

« En attendant le jour baissait, c'était l'heure
« du retour ; je n'hésitais pas à leur faire de ma
« casquette un nid aussi chaud que celui dont je
« venais de les arracher. Tout occupé à contenir
« leur vive turbulence, je marchais à pas lents,
« quand, relevant les yeux, je vois mon père
« s'avançant de mon côté. Impossible de me
« dissimuler, il me voit, il me parle : Pourquoi
« ne suis-je pas déjà rentré ? il faut l'accom-
« pagner... et cela tout de suite, me crie-t-il en
« s'approchant. Quelle frayeur ! Alors, par un
« mouvement aussi prompt que la pensée, je me
« coiffe et mon geste a été si vif, que pas une
« de mes captives ahuries n'a eu le temps de
« s'échapper.

« Bientôt nous sommes sur la blanche route,
« nous touchons presque à la maison où, pour
« un moment, je vais reprendre ma liberté. Mais
« près de ce seuil désiré, que vois-je ! Monsieur
« le curé venant lentement à notre rencontre en
« lisant son bréviaire. S'il pouvait ne pas nous
« apercevoir ! Hélas ! il s'arrête, nous attend et
« tapote en souriant ma joue en feu. Je sentais
« bien qu'il fallait se découvrir, mais le moyen ?
« Pardon, monsieur le curé, pour un garçon qui
« ne sait même pas saluer ». Et d'un geste aussi
« prompt que le mien l'avait été, mon père
« m'enlève ma casquette..... J'entendis deux cris
« d'effroi, je vis deux visages effarés, mais, d'un
« bond rapide, j'avais évité la main vengeresse
« qui s'abattait sur mon épaule.

« Ah ! comme je courais, nous disait-il, en
« riant encore à ce souvenir. Je franchissais les
« fossés, je traversais les champs, ne pensant
« qu'à une chose : me mettre à la plus grande
« distance possible de la rude correction dont
« j'étais trop assuré.

« Bientôt la nuit vint, mais elle était sereine ;
« je m'entendis longtemps appeler sans trop
« d'émoi ; on était assez habitué à mes escapades
« pour n'être point inquiet de mon sort. Quand
« tout fut calme, ma bonne petite sœur aînée
« vint m'entr'ouvrir la porte, selon sa compatis-
« sante habitude dans de tels cas ; elle m'avait
« gardé des reliefs de souper, puis, je gagnais
« silencieusement ma chambre. Le lendemain,
« dès l'aube, j'étais déjà reparti, et muni d'un
« frugal déjeuner je me glissais dans une de
« mes vertes cachettes. C'est ainsi que pendant
« plusieurs jours j'évitais la redoutable rencontre
« paternelle, jusqu'à ce que des occupations
« absorbantes lui aient fait oublier mon aven-
« ture. »

Ces fougues enfantines restaient faciles jusqu'à
ce que l'hiver revînt les interrompre. Alors, sous
des regards sévères, la libre allure du petit Calixte
se modifiait. Craintif et timide, il se tenait à
l'écart, puis reprenait son entrain pour quelque
inoffensive malice.

Une tradition respectée plaçait aux jours gras
la réception de famille, qui se faisait si dignement, que le souvenir de sa splendeur hantait le

cher garçon pendant l'austère rigueur du Carême qui suivait, où la morue, les haricots et les pommes de terre formaient alors le fond des repas. Aussi quand l'année suivante fut revenu le traditionnel festin, il trouva décidément que pour un jour c'était trop de biens à la fois, et qu'une prévoyante épargne lui permettrait de prolonger ses jouissances gastronomiques pendant ce sévère temps d'abstinence, dont il ne comprenait pas encore la salutaire nécessité.

Organiser un garde-manger ignoré était facile, le remplir l'était moins. Cependant, comme toute la petite famille avait revêtu les costumes de cérémonie, le docteur se souvenait que, grâce à la sage prévoyance du tailleur de son village, l'ampleur de ses culottes permettait à ses poches de se transformer en vrais bissacs qu'il se mit à remplir consciencieusement, y accumulant des reliefs de toute sorte : tranches savoureuses de pâté, ailes de volaille, pilons de dinde, pâtisseries variées. Ainsi chargé, il allait opérer une prudente retraite, quand hélas ! deux énormes taches de graisse, bien visibles sur le bleu éclatant du drap, vinrent réveiller la surveillance paternelle un moment distraite. Cette fois, nul moyen d'échapper à une correction sentie qui s'accentuait de toutes les découvertes faites dans les malheureuses poches. Les malencontreuses provisions allèrent rejoindre les reliefs qui, selon une patriarchale tradition, étaient distribués aux pauvres avant le jour des Cendres. Je ne sais si les douces prières de sa sœur Emilie réussirent à alléger la punition que de plus il fallut subir. Cette sœur aimée s'essayait déjà à ce rôle d'ange gardien qui devait être comme la mission de sa vie. Jamais elle ne quitta l'ombre de ce cher foyer où les siens, et surtout le bon docteur, revenaient s'asseoir avec tant de joie. Fidèle compagne de son vieux père, ses soins pieux prolongèrent sa verte vieillesse, et quand il s'éteignit à 83 ans, elle est restée dans le pays vénérée de tous, providence des pauvres et des souffrants, digne sœur enfin de celui dont elle partageait la foi profonde, le culte énergique du devoir et la tendre commisération pour les déshérités de la terre.

Après de longues années de solitude, elle espérait en une réunion longtemps désirée ; un deuil profond est venu remplacer ces riants projets. Ah ! du moins cette séparation n'est pas sans espoir. Cette âme d'élite a, dès sa jeunesse, détourné ses regards des espérances terrestres pour les élever vers la vie immortelle où elle rejoindra un jour le noble frère qui le premier en a franchi la mystérieuse voie, en lui laissant le chagrin de n'avoir pu le devancer.

Nous le retrouvons maintenant avec sa nature à la fois vive et concentrée, sa mémoire heureuse, sa raison précoce malgré une teinte originale, faisant ses premiers pas dans ce chemin de la science qu'il devait si bien poursuivre.

Nous avons peu de détails sur ses premières études qu'il fit près du curé de Penol, peu aussi sur son séjour au séminaire de la Côte-Saint-

André, où il fit, je crois, sa première communion, et nous ne savons pas quelles furent les causes qui le firent placer à Annonay au collège Sainte-Barbe, dirigé par les Basiliens.

Là, de nouveau, nous revenons au récit qu'il nous faisait sur ce temps qu'il revoyait toujours avec complaisance.

Il fallait être assez rudement trempé pour supporter avec succès, non seulement l'austère discipline, mais encore le monastique ordinaire qui ressemble bien peu à celui que réclament maintenant des tempéraments dégénérés. Point de vin, sauf les jours de fête, de sobres rations de viande, de grandes courses dans les montagnes, peu de récréations et de très fortes études.

En se pliant à ce régime avec ses robustes compagnons, le jeune Calixte y puisa sans doute cette sobriété extraordinaire dont jamais il ne s'é-départit, ce dédain du bien-être, cette force sur lui-même qui faisait de son corps le serviteur soumis de sa volonté. Hélas! il n'a pas voulu modérer cette domination ; mais, que de fatigues endurées avant que ce corps si solidement trempé fût usé prématurément !

Cette spartiate éducation, si peu soucieuse du bien-être matériel, était, par contre, pleine de sollicitude pour les progrès de l'intelligence et surtout pour la culture des âmes. Ces maîtres austères étaient à la fois savants et pieux. Quelle plus grande preuve de leur mérite que les disciples qu'ils ont formés. Le modeste docteur nous affirmait qu'il était un des plus obscurs, il nous citait les noms de ses condisciples arrivés au sommet de la science ou dans des postes importants. Sans doute, la forme était un peu négligée ; à ces êtres sobres et vigoureux on donnait un esprit instruit, une âme forte et chrétienne, enfin on en faisait, ce qui nous manque le plus aujourd'hui, on en faisait des hommes.

Le docteur Garin l'a été dans cette virile et chrétienne acception, voilà pourquoi il est doux de recueillir comme un exemple précieux le souvenir de cette vie.

Il fut bientôt à la tête de ses classes, et termina brillamment ses études en obtenant avec de très belles notes ses deux baccalauréats.

Il avait dix-sept ans, et dans toute sa plénitude il avait profité de cette éducation savante, pieuse et austère. Il devait garder un tel souvenir du mérite de ses instituteurs que longtemps après il leur en donna le plus généreux témoignage. En effet, il s'engagea à payer chaque année quinze cents francs de bourses à son cher collége, et continua cette magnifique générosité jusqu'à ce qu'une perte très considérable le força de suspendre un engagement qu'il comptait poursuivre jusqu'à la fin de sa vie. De telles œuvres ne se passent-elles pas de commentaires ?

Je ne sais si la vocation médicale fut de bonne heure inspirée au jeune Garin par sa charitable bienfaisance. Son frère aîné calme, posé, songeait au notariat. Le jeune adolescent, avec sa nature fortifiée et robuste, sa ferme volonté et surtout son cœur sensible, était admira rablement doué pour la noble profession qu'il allait embrasser.

Grenoble avait une école de médecine, il y resta un an, puis un an à Lyon. Le reste de ses études exigeait un séjour dans une faculté ; il fallut donc partir pour Paris. C'était en 1847, il avait 21 ans.

A cette époque où les chemins de fer étaient loin d'être terminés, c'était un long voyage et une sérieuse séparation.

Il partait dans une ville inconnue ; sans appui d'aucune sorte. La fortune qu'il tenait de sa mère lui eût assuré des revenus convenables ; mais l'autorité paternelle, dans l'ignorance sans doute des conditions de la vie matérielle d'une grande ville, lui assigna une pension mesquine, insuffisante, qui causa bien des tourments au rigide jeune homme, préférant subir de réelles privations plutôt que de faire jamais la moindre dette, ou de demander un supplément de ressources souvent bien nécessaire malgré la plus savante économie.

Le cordonnier du village fabriqua les solides chaussures, le tailleur de la Côte fit les épais mais peu élégants costumes de l'étudiant qui, sentant leur tournure un peu rustique, redoubla de timidité.

Cette enfance, à la fois si libre et si contrainte, sevrée des soins et des caresses maternelles, tout en trempant sa nature d'une énergie qui devait en être la qualité maîtresse, avait cependant laissé en lui une empreinte qui fut indélébile.

Son caractère était résolu, et pourtant une sorte de timidité aidait sa modestie à voiler son mérite. Ses pensées étaient claires, lucides, jamais indécises ; sa plume les rendait avec éloquence pendant que sa parole semblait quelquefois hésitante, embarrassée.

Notre récit de l'impulsion première de cette vie, tout imparfait qu'il est, n'expliquerait-il pas ce contraste ?

II.

PARIS

Il partit donc, le pauvre jeune homme, sans espérance de retour avant d'avoir conquis son titre de docteur, car son père n'eût pas compris un voyage et des dépenses seulement causés par un besoin de distraction, de jouissance et de repos. Il partit, et si en arrivant dans la grande ville il n'était ni soutenu ni protégé, son âme, du moins, était suffisamment prête pour la lutte où elle devait triompher.

A cette époque où les prix n'avaient rien d'exagérés, il trouva, pour une modeste rétribution, une jolie chambre ; et bientôt la régularité de ses habitudes, ses paiements ponctuels lui valurent une considération et des attentions qui parurent précieuses à l'étudiant abandonné à lui-même. Après quelques tâtonnements inévitables, son existence fut réglée et une ferme volonté l'empêcha de dévier de ce règlement, quand une fois il se le fut imposé. Dès qu'il le put, il se fit recevoir externe des hôpitaux dont il ne manqua jamais le service. Il prit ainsi cette habitude de ponctuelle exactitude à laquelle il fut toujours rigoureusement fidèle. C'était par une sorte de rage pour l'étude qu'il oubliait son isolement, et se dédommageait de l'absence de distraction que lui commandait sa fière rigidité. Quelques promenades au Luxembourg, quelques visites aux musées, et les jours de grandes fêtes quelques soirées au Théâtre Français, rompaient seules la monotonie de ce travail sans relâche qui ne connut pas de vacances. Cependant l'écho des folles joies des étudiants pénétrait jusqu'à lui.

Son plus proche voisin était un jeune méridional nommé C. Ses parents ayant eu leur fortune compromise, s'étaient imposé de grands sacrifices pour achever son éducation, et pour fournir aux dépenses un peu exagérées de l'imprudent garçon. Étrange contraste : pendant que le fils d'un riche propriétaire se privait de tout plaisir pour équilibrer dignement son modeste budget, l'étudiant sans fortune dissipait avec insouciance l'argent de ses trop faibles parents. Elevé dans un lycée, il y avait acquis une instruction assez brillante, mais perdu sa foi religieuse. Intelligent, spirituel, il trouva grâce devant la précoce gravité du futur docteur. Sa gaîté venait comme un rayon de soleil l'égayer dans son labeur. Ainsi se forma cette étrange amitié de deux êtres entièrement dissemblables, dont le sort devait être si différent, car, disons-le de suite, la vie du folâtre étudiant, devenu également médecin, fut remplie des incidents les plus romanesques et les plus divers.

En attendant, ses boutades spirituelles et ses joyeux refrains faisaient sourire le grave Calixte, dont la nature expansive se ranimait au contact de cette exubérante jeunesse. Mais à mesure que le trimestre s'écoulait, l'humeur enjouée du bruyant garçon s'assombrissait légèrement ; à son insouciante prodigalité succédaient une foule d'expédients qui apprenaient à son ami dérouté les us et coutumes de cette vie de bohême qu'un écrivain de cette époque a peint dans un livre devenu célèbre.

Quand, à force de régularité, le sérieux étudiant avait fait quelques économies, il les sacrifiait au prodigue C. sous la forme d'emprunts jamais rendus. Mais qu'était cette goutte d'eau, quand il fallait vivre un mois et qu'il n'avait plus un sou ? Alors, au lieu d'employer son temps à l'étude, il le passait à chercher les ressources les plus imprévues. Les plus ordinaires étaient de *laver* ses livres de médecine, et de recourir à ceux de l'ami Calixte, de chercher asile dans sa chambre quand, à bout de crédit, il était congédié de la sienne et dans les cas graves, quand ses vêtements étaient au Mont de piété « Chez ma tante », périphrasait l'étudiant, de prendre ceux de son bon dauphinois, mais non sans une grimace de détresse.

C'est que les fournisseurs de la petite ville continuaient leurs envois, et continuaient aussi à donner à leur compatriote une tournure très peu parisienne, dont il était de plus en plus marri.

Il y eut surtout un certain chapeau gris à longs poils et à haute-forme, dont la solide qualité égalait la laideur. Le pauvre Calixte avait bien voulu le faire transformer, mais sans succès ; n'avait-il pas même essayé de le teindre lui-même ! et la nuance indécise qu'il avait obtenue n'avait fait qu'ajouter à la rustique fantaisie du malheureux couvre-chef dont il ne parlait qu'avec hilarité. Il n'en avait pas moins été son désespoir, et lorsque, certain jour de dépouillement absolu, C. dut l'arborer... il en fit une élégie.

Les remontrances sérieuses glissaient sur cette nature aussi avide de jouir que son sérieux ami l'était de remplir son devoir. Secondé par sa vive intelligence, quelques jours de travail le remettaient au niveau de ses études ; puis, quand sa pension lui parvenait, il oubliait ses promesses, et retournait vers les plaisirs où il cherchait, mais en vain, à entraîner son mentor.

Un jour cependant, il obtint une sorte de promesse d'aller avec lui faire une partie de campagne. Ce mot de campagne avait évoqué comme une bouffée de doux souvenirs : la verdure et les fleurs, les senteurs pénétrantes, le vaste horizon du pays natal. Oui, une journée de vagabonde promenade serait bonne, lui ferait du bien, rafraîchirait son âme ; il irait. Le lendemain, le jour n'était pas encore levé, lorsque tout à coup le son de plusieurs trompes retentit dans la rue tranquille, au grand émoi de ses habitants. Réveillé en sursaut, Calixte accourt à sa fenêtre, mais qu'aperçoit-il ? son ami C. environné d'un bruyant cortége. Avec plus d'élan que d'accord, on avait entonné : « *Ami, la matinée est belle,* etc. ». Puis, les appels : hé..... hé..... Allons vite, on t'attend. Terrifié de tout ce bruit, il ne bouge pas, les cris redoublent ; alors, il ouvre doucement sa croisée et balbutie une timide excuse. Des exclamations l'interrompent... « Ah ! Garin, ami déloyal, tu t'es engagé et tu recules ! ». Le tranquille jeune homme, de plus en plus contrarié, ne sait que faire pour les calmer, lorsque son terrible ami lui crie enfin : « Au moins, passe-nous ta bouteille d'eau-de-vie ». Et lui de faire glisser hâtivement, à l'aide d'une ficelle, le récipient demandé (liqueur comprise), heureux d'en être enfin quitte à si bon compte.

Ces scènes ne lui laissaient pas le moindre goût pour ces plaisirs bruyants où le temps et l'argent de son jeune voisin se perdaient ; ils ne pouvaient combler le vide de l'isolement dont il souffrait. Son âme délicate eût joui vivement de l'hospitalité d'une maison amie, mais surtout, elle eût bien doucement savouré le bonheur d'être l'objet d'une de ces tendres sollicitudes maternelles qui, même de loin, soutient, encourage, vit, pour ainsi dire, de la vie du cher absent, et dont l'amour s'affirme par une continuelle préoccupation de la santé morale et physique de l'enfant bien-aimé. Une mère, à son tour, eût été bien fière d'un tel fils.

Les mois s'étaient écoulés, la Révolution de 1848 accomplie. On devine bien que le grave étudiant n'avait pris aucune part aux manifestations répétées des plus bruyants de ses condisciples. Cependant, s'il vivait à l'écart, ce n'était certes point par indifférence des questions sociales qui s'agitaient. Dans ce cœur déjà vide d'intérêt personnel, le dévouement à l'humanité pouvait s'étendre pour occuper la grande place qu'il devait lui faire de plus en plus. Comme Térence, il pouvait dire : « Je suis homme, et rien de ce qui touche à l'homme ne m'est étranger ».

Seulement son âme s'emplissait d'amour et non de haine, et s'il voulait se pencher vers les misérables, c'était pour les relever et non pour les égarer. Ni les périls de la solitude, ni les enivrements de la science, ni les orgueilleuses déductions de quelques-uns de ses maîtres n'avaient heureusement pu ébranler cette foi chrétienne dont les traditions de famille et les soins de ses pieux instituteurs l'avaient pour toujours pénétré.

Dans un milieu généralement sceptique, il eut ce rare bonheur d'éviter les tourments du doute et de garder sans défaillance le dépôt de la vérité. Cette vérité n'était pas seulement pour lui un enseignement abstrait, mais une règle vivante qui élevait son cœur et éclairait son esprit.

Grâce à cette lumière, ses appréciations philosophiques, au lieu de varier selon le temps, l'expérience et surtout l'intérêt, sont restées toujours semblables, étant basées sur des principes et non sur des passions.

Il était donc le disciple convaincu du Maître divin qui, enseignant l'amour aux hommes, leur en a donné pour exemple le don de lui-même, et qui en apprenant la résignation aux faibles, a imposé la miséricorde aux forts.

Ces lois évangéliques, pratiquées de longs siècles par des générations croyantes, ont fait la civilisation moderne ; notre France leur doit les pages les plus glorieuses de son histoire.

Il croyait donc que la vérité, étant immuable, devait continuer à être le vrai soutien de l'humanité ; que la rejeter, la nier, c'était préparer un grand désastre ; et, plein d'une indulgente réserve pour les personnes, il voyait avec une tristesse indignée des théories spécieuses conduire à des catastrophes prévues la société qu'elles ébranlaient.

Quand ces sombres prévisions furent devenues des faits, que les fureurs de l'émeute eurent rempli Paris de ruines et de sang, il vint, dévoué soldat du bien, s'offrir pour combattre, dans la mesure de ses forces, l'immense mal accompli.

Il fut dirigé sur une ambulance établie à l'Odéon qui, pendant ces jours néfastes, reçut, sans distinction de parti, les malheureux blessés. Là, grâce à l'admirable vigueur de sa constitution, il put leur prodiguer, jour et nuit, ses soins.

Parmi les malades, était un malheureux insurgé, assez légèrement atteint pour être bientôt remis à l'autorité militaire qui le réclamait : c'était la mort ; et il était père de famille ! Dans la conscience du jeune praticien un violent combat s'éleva entre son culte de la justice et la miséricorde. Celle-ci l'emporta. C'était un égaré, il jurait de renoncer aux sinistres doctrines qui l'avaient perdu, de consacrer sa vie recouvrée à ses pauvres petits enfants... et, quand vinrent les ombres de la nuit, il suivit mystérieusement son compatissant gardien vers un passage connu seulement des médecins de l'ambulance ; quelques minutes après, il était sauvé.

La jeunesse du bon Calixte était dans toute sa floraison, il avait vingt-trois ans quand le spectacle terrible de cette atroce guerre civile, que notre France devait revoir encore, acheva l'œuvre de son éducation en virilisant son âme.

Reconnaissez l'arbre par ses fruits : l'orgueil, la révolte, la soif des jouissances matérielles, plantés dans le cœur des malheureux, avaient produit ces fruits amers, et ce triste résultat constaté, en lui laissant le mérite de sa foi, satisfaisait les exigences de sa raison en éclairant d'une vive lumière la voie contraire qu'il voulait suivre.

Sa pitié pour les âmes dévoyées, sa compassion pour les misères humaines s'augmentèrent. Reconnaissez l'arbre par ses fruits : Plus encore par ses actes que par ses paroles, il prouva la valeur des sentiments qui l'animaient.

Paris n'avait pas encore effacé la trace de ses sanglantes luttes, quand la mort vint sous une autre forme planer sur la vaste cité.

Le choléra eut bientôt fait de nombreuses victimes, surtout dans les quartiers populeux, Monsieur Garin n'était qu'externe à la Charité ; mais, dès l'apparition du fléau, il ne quitta plus l'hôpital.

Il faut avoir connu sa vaillante énergie, pour pressentir par quelle lutte contre le mal il s'attira, sans la chercher, l'admiration de tous. Aussi, quand, à force de s'exposer, il tomba atteint par le fléau, bien vive fut l'émotion ; les autorités médicales les plus célèbres l'entourèrent pour lui prodiguer toutes les ressources de leur science, et, quoique le mal fût à son paroxysme, qu'une teinte cadavéreuse eût déjà envahi son corps, les frictions les plus énergiques, les soins les plus zélés le rappelèrent des portes du tombeau.

Trois autres internes avaient partagé son dévouement, sinon son péril ; un choix fut proposé à tous les quatre. La croix d'honneur ou une médaille commémorative avec une somme d'argent.

Ce furent des raisons complexes qui déterminèrent notre cher convalescent à accepter seul la seconde de ces offres.

D'abord, il lui semblait que ce qu'il venait d'accomplir était si naturel, que la première récompense était hors de proportion avec son mérite ; et, de plus, avec les sentiments un peu absolus de la jeunesse, il éprouvait une grande répugnance à la recevoir d'un gouvernement dont il n'approuvait ni l'origine, ni les tendances. Enfin, il se trouvait dans un moment d'étrange perplexité. La fin de ses études médicales, ses derniers examens et sa thèse exigeaient des ressources pécuniaires dont son père, qui avait gardé la gestion de sa propriété, ne voulait pas comprendre l'urgence. La proposition ministérielle venait, dans ces instants de tiraillements pénibles, le délivrer de soucis que, sans sa trop délicate réserve, il eût pu, il eût dû, oserions-nous dire, écarter autrement.

La médaille d'argent qui lui fut offerte est d'un grand module ; en voici l'inscription :

« *A Calixte Garin en témoignage de son dévouement. Choléra 1849* ».

Un an après, il avait passé avec succès toutes ses épreuves et conquis le titre qu'il devait bien dignement porter.

Un praticien alors renommé, le docteur Cazenave, avait peu à peu distingué ce rude travailleur, et quand le jeune docteur vint le remercier de ses bienveillants conseils : « J'espère, lui dit-il, que vous allez nous rester, vous avez soif de savoir, et vous êtes du nombre des vaillants, votre place est à Paris ». Puis, répondant à une dénégation timidement balbutiée : « Voyons, pour vous garder, je vous offre d'être mon secrétaire, puis mon médecin suppléant ». L'humble jeune homme restait muet de surprise ; son sort lui avait paru fixé quand, soudain, il voyait s'ouvrir une perspective bien différente. — « Je vous donne deux jours de réflexion, mais dites oui, ajouta avec bonté le docteur ».

La tentation d'accepter fut grande ; cette perspective de rester au centre des lumières scientifiques, d'acquérir un savoir étendu, eût été irrésistible sans la timidité, résultat de sa craintive enfance et de sa solitaire jeunesse.

Se présenter dans les salons, faire l'apprentissage de cette vie du monde qu'il n'avait pas même entrevue : voilà ce qui lui parut l'obstacle insurmontable. Puis, son amour du sol natal et de la vie calme acheva de décider son âme ébranlée.

Ce grand Paris a de puissantes attractions, mais la poésie des champs et des vastes espaces en a de grandes aussi pour ceux qui en ont joui au matin de leur existence.

Quand il eut apporté, avec ses remerciements reconnaissants, une réponse négative : « C'est dommage, murmura le savant médecin, vous êtes de ceux qui tracent leur sillon ».

Cette expression de son regret était en même temps une sorte de prédiction.

Dans une sphère plus obscure que celle qu'il voulait lui ouvrir, un dévouement et un infatigable labeur de trente ans allaient laisser des traces inoubliables.

III.

LA COTE-SAINT-ANDRÉ

La petite ville de la Côte reçut avec une joyeuse fierté le jeune docteur, revenant se fixer au milieu de ses compatriotes. Malgré sa jeunesse, la réputation de son savoir, l'estime de son caractère lui attira la confiance générale.

Il fut nommé médecin de l'hôpital, puis de tous les établissements publics ou privés de la ville.

De tous les environs on vint réclamer ses soins, son installation fut donc des plus rapides, et bientôt son cheval et sa voiture le transportèrent, de visites en visites, dans tout le pays d'alentour.

Ce ne fut pas seulement un succès de curiosité, ou du moins, le mérite du docteur rendit cette réputation spontanée si solide, qu'elle n'eut pas à subir, chose rare, un mouvement de réaction.

La considération et l'attachement inspirés par lui, dès ce début, lui restèrent si bien fidèles qu'il lui fallut plus tard, pour aller occuper son nouveau poste, résister à des instances qui devinrent un moment excessives.

Son départ ne le fit point oublier; aussi quand

les liens de famille ou le soin de ses domaines l'appelaient, pendant de trop courts moments, dans son cher Dauphiné, c'était auprès de lui un tel concours, que pas une fois il ne lui a été possible de jouir du repos espéré et pourtant devenu alors bien nécessaire.

Nous l'avons dit, le jeune praticien était doué d'un tempérament d'une vigueur peu commune ; mais, dès son début dans la carrière médicale, il ne devait pas cesser d'abuser de ses forces.

Un mépris absolu de son bien-être, une sobriété excessive lui permettaient des excès de fatigue que nous ne saurions décrire sans être taxé d'exagération.

Dans une grande ville, la science médicale se divise en spécialités, mais dans le milieu où vivait le docteur son savoir et son labeur devaient être universels.

Pour les maladies de toute sorte, pour les opérations chirurgicales les plus variées, on l'appelait sans cesse à l'aide, ses nuits mêmes ne lui appartenaient pas ; et quand il avait un peu de répit, sa conscience et ses goûts le plongeaient dans les études sérieuses mais attrayantes de son art. Alors, ainsi que dans ses veilles d'étudiant, les heures s'enfuyaient, et la lumière de sa lampe luttait souvent avec celle de l'aube.

L'excès du travail, comme l'excès du plaisir, amène un étourdissement qui a besoin de se dissiper pour laisser l'âme juge du résultat, certes bien différent dans ces deux cas.

Nous n'avons pas besoin de nous occuper de

l'amoindrissement et du vide causés par le plaisir, mais d'un autre péril.

Or, le jeune docteur poursuivait stoïquement une existence où sa jeunesse menaçait de sombrer. Il en eut enfin l'intuition et regarda autour de lui : Trois ans ne s'étaient pas écoulés qu'il s'était fait une position enviée ; l'estime était générale, et, indépendamment de son patrimoine maternel, la rémunération de tant de peine lui constituait un revenu assuré. Mais sa gravité avait devancé son âge, et si la fatigue n'avait plus de prise sur son corps, trempé à la façon des trappeurs américains, elle laissait sur son visage des traces qui le vieillissaient prématurément.

Près de lui cependant on faisait des projets pour son établissement. Son père, sa famille, justement fiers de lui, souhaitaient et cherchaient une héritière pour former l'union désirée.

Il écoutait silencieusement les indications et les conseils, car il s'avouait qu'en effet, le moment était arrivé de choisir la compagne de sa vie, mais il sentait que ses intérêts et les convenances ne seraient pas ses seuls guides.

Ce cœur tendre et fort, qui avait souffert étrangement d'une enfance sans amour et sans caresses, avait pu résister à de passagères passions, en réservant cette puissance d'affection qu'il sentait en lui pour les enchantements espérés de l'amour permis. Ce but ne devait-il pas satisfaire tous les instincts de son âme, sa soif de dévouement comme son besoin de tendresse ?

Sans méconnaître les avantages de la position et de la fortune, pour donner son nom et sa vie, il souhaitait donc avant tout pouvoir aimer et être aimé. Mais sa modestie si réelle avait déjà cette teinte d'exagération qui lui faisait méconnaître sa valeur. Il oubliait sa jeunesse en pleine floraison pour se croire vieux, il s'attribuait une disgrace physique complète, quand la finesse de son sourire et la beauté de son regard disaient sa bonté et son esprit, enfin lui seul ne tenait aucun compte de toutes les qualités qui avaient formé autour de son nom une juste auréole de considération.

Aussi lorsque dans un de ses voyages à Grenoble, il devint épris de la grâce et du charme d'une jeune personne de cette ville, il fut bien heureux de l'accueil flatteur que des parents instruits de son mérite firent à sa demande.

Grâce à eux, le doux bonheur tant de fois rêvé allait devenir une réalité qui changerait son austère existence.

Sa joie d'être agréé se transforma en une affection filiale dont il donna pendant toute la vie de son beau-père et de sa belle-mère les plus touchantes preuves. Jamais il n'oublia cette impression reconnaissante, et c'est plus de douze ans après son mariage qu'il écrivait ces lignes : « Je suis bien content que maman soit aussi satisfaite ; quant à moi, je ne pourrai jamais assez la remercier de m'avoir donné ma femme. J'aime bien tes parents, ils m'ont donné un trésor bien plus grand que toutes les richesses, tu es mon seul bonheur et tu continueras à être ma joie et à avoir mon âme tout entière. »

Cette femme tant aimée était alors sa jolie fiancée et ne pénétrait pas encore toute l'intensité des sentiments qu'il lui exprimait. Elle savait qu'elle épousait un homme d'une honorabilité déjà affirmée, d'une position de fortune satisfaisante ; mais elle ne savait pas qu'il lui serait donné de connaître un des plus grands bonheurs humains : Etre aimée sans partage par une âme d'élite.

Les préparatifs du mariage se firent rapidement. Le docteur était déjà le rigide esclave du devoir professionnel que nous connûmes plus tard ; il ne s'absentait que pour les préliminaires les plus indispensables, et sa hâte de les terminer était vive.

A Grenoble la réputation du jeune docteur avait assez pénétré pour que ses noces fussent honorées par l'assistance la plus sympathique ; mais ce fut surtout son pays qui lui prouva par de touchantes manifestations ses sentiments d'affectueuse gratitude. Toutes les anciennes coutumes locales furent strictement observées. Les jeunes gens de la Côte et des environs allèrent attendre les jeunes époux aux limites de la commune pour faire à la noce un bruyant cortège.

La petite ville était en fête, et quand les voitures furent signalées, le tintement des cloches souhaita une gaie bienvenue.

Aux abords de la maison du docteur, les tapis étaient déroulés et la rue bordée d'arbustes.

Après un joyeux festin, la jeune épousée fut invitée à assister, ainsi que toute la noce, au feu d'artifice tiré en son honneur.

Certes, je me doute bien que le Ruggieri de l'endroit n'avait pas dû recourir à des effets pyrotechniques trop compliqués. Mais pour être difficile il faut être blasé, puis les vivats, les acclamations formaient un accueil si chaleureux, que la jeune femme en fut profondément émue et troublée ; elle se sentit alors fière et heureuse d'avoir associé sa destinée à celle d'un homme qui avait conquis tant d'estime et lui attirait un tel hommage. Et dès lors se fit cette union de deux cœurs que vingt-six ans plus tard la mort seule devait rompre.

Son mariage ayant eu lieu au mois de septembre 1854, le docteur Garin avait 28 ans lorsqu'il commença cette vie à deux, d'un contraste si marqué avec celle que nous avons essayé de dépeindre.

Cependant il ne voulut pas, même au profit de son bonheur, se soustraire un seul jour au labeur qu'il avait assumé, ses malades le réclamaient.

Du reste, le doux far-niente des heures libres de soucis, si cher aux natures rêveuses, lui était inconnu et ne le tentait guère.

Il ne conduisit donc pas sa jeune femme contempler superficiellement, dans un rapide voyage, des sites, des pays que l'on ne doit plus revoir, mais les paysages tant aimés autrefois. Je dis autrefois, car ce mirage des riants coteaux natals, qui avait eu sa part dans la grave décision de son départ de Paris, s'était depuis son retour comme effacé sous l'influence de ses absorbantes occupations. Il traversait sans cesse ces sites aimés sans presque leur accorder un regard, préoccupé toujours d'arriver au plus vite, puis de repartir pour soulager d'autres maux.

Maintenant sa voiture reprenait les mêmes sentiers, mais une chère présence lui rendait le sens de cette poésie des champs qu'un âpre travail lui avait fait perdre. Les longs jours d'isolement, la solitude du cœur péniblement endurés n'étaient plus qu'un rêve douloureux.

Le bon docteur était redevenu jeune, gai, expansif.

Chaque jour ils s'en allaient ainsi faire les continuelles excursions imposées par le devoir professionnel. La main dans la main, ils égrenaient les souvenirs différents de leur vie antérieure. La jeune femme, fille unique, choyée d'un père et d'une tendre mère, sentait ses yeux s'humecter quand il lui peignait en traits émus la tristesse de ses jours d'enfance, et le délaissement de son existence solitaire ; puis, d'une voix flexible et pure, elle lui chantait de gais refrains dont il était toujours charmé.

A l'automne succéda l'hiver, mais ces courses à deux avaient déjà la douceur d'une chère habitude qu'ils ne devaient jamais perdre ; la nature endormie sous des frimas a des aspects sévères qui ne sont pas sans grâce ; après les morsures de la bise il y avait le contraste agréable du chaud foyer qui les attendait pour la veillée joyeuse, où quelques amis venaient partager leur intimité.

Ainsi s'organisa cette nouvelle phase de la vie du bon docteur, désormais égayée par le rire, les chants de son heureuse compagne; tout semblait présager qu'elle allait être durable, et cependant le but de cette destinée n'était pas là. Il était réservé à son savoir, maintenant mûri par l'expérience, un théâtre plus vaste; à sa compassion, des souffrances plus multipliées; et quand il fut prêt pour un grand effort, plusieurs causes concoururent à le pousser dans une voie nouvelle à laquelle il n'avait pas songé plus tôt.

Monsieur Garin s'était donc créé une position; mais cette position était celle d'un médecin de campagne; sa modestie s'en serait peut-être contentée, le sentiment profond que nous venons de dépeindre donna à son âme aimante le ressort d'une utile ambition.

Deux ans s'étaient écoulés, sa jeune femme, qui devait être privée des joies et des labeurs de la maternité, l'accompagnait toujours fidèlement dans ses courses agrestes, mais elles avaient perdu le charme de la nouveauté. Ces aspects toujours les mêmes n'échappaient pas à cette grande misère des impressions humaines : la monotonie. Ces sentiers sinueux foulés tant de fois, elle en connaissait les détours, et sans se plaindre, elle ne cachait pas ses aspirations vers la vie plus bruyante et plus distraite d'une grande ville. Du reste, le résultat d'une tâche sans trêve n'était vraiment pas assez rémunérateur.

Le docteur se demanda s'il ne lui était pas possible d'aller plus loin ; songeur, il évoqua le souvenir des derniers temps de son séjour parisien, des doctes encouragements qui avaient essayé de le retenir dans un milieu scientifique. N'était-il plus temps de suivre cette voie ? Malgré son rude travail de clientèle, n'avait-il pas continué d'étudier et de suivre les progrès de la science ?

Nous l'avons vu, Monsieur Garin n'était pas un rêveur, ou du moins l'action succédait toujours à sa pensée et la rendait féconde.

Apprenant donc qu'un concours devait avoir lieu pour le majorat de la Charité de Lyon, il se détermina à s'y présenter. Les épreuves écrites prouvèrent qu'il n'avait pas trop préjugé de son savoir, l'épreuve orale lui fut défavorable. Le docteur n'avait pas les qualités d'un orateur, son physique n'était point imposant, et l'hésitation de sa parole interprétait mal la vivacité de sa pensée, tandis que dans le silence du cabinet, il rendait cette pensée avec une élégante précision (ses écrits scientifiques en font foi, ainsi que ses lettres qui sont des modèles de grâce et d'atticisme).

Nous aurions bien mal réussi à définir cette vaillante nature, si on s'étonnait de sa persistance.

En effet, un nouveau concours fut annoncé pour l'année suivante. Sans se laisser décourager, Monsieur Garin s'y prépara. Il ne pouvait le faire qu'en redoublant ses études et en corroborant les recherches des princes de l'art médical par une expérience sans cesse en éveil. Aussi le résultat de ses épreuves écrites fut-il très remarquable.

Il traita la question des maladies de cœur avec une supériorité qui lui attira les félicitations unanimes du jury, et fit classer son beau travail dans les archives médicales.

Malheureusement, dans son discours oral, il ne put vaincre le grave obstacle que nous avons déjà signalé. Mais pourquoi dire : malheureusement, en croyant, comme le faisait le pieux docteur, qu'une âme fidèle à sa destinée est guidée, par des événements qui semblent fortuits, vers le but où s'accomplira sa mission.

Le docteur restait donc un candidat malheureux, mais son érudition et ses qualités lui avaient attiré des sympathies élevées ; on s'empressa de lui indiquer la place honorable qui restait encore à prendre : celle de médecin des hôpitaux de St-Etienne, dont le choix devait avoir lieu sous peu de mois.

C'était encore un concours à affronter ; je ne sais si Monsieur Garin s'y résolut dès l'abord, du moins il ferma tous ses livres et renonça à toute préparation.

Ses concitoyens s'étaient alarmés de ces deux tentatives pour quitter le pays.

Les uns, et c'était le grand nombre, cherchaient à le retenir par des démonstrations d'un affectueux attachement ; mais d'autres témoignaient une grande aigreur d'un abandon dont ils ne comprenaient pas le mobile. Le docteur Garin était comme la chose du pays, il y avait été reçu, acclamé, il lui appartenait, disaient-ils.

Cependant tant de veilles prolongées, après des courses sans relâche, avaient alors raison des forces de notre cher médecin, et plusieurs attaques de rhumatisme le clouèrent enfin dans sa demeure.

Le croirait-on, il ne put y rester tranquille tant les obsessions étaient continuelles, ainsi que le prouve l'anecdote suivante :

Après une journée de souffrances aiguës, le docteur reposait. Il était dix heures du soir, quand un tumulte grandissant vint troubler ce repos. La domestique avait bien dit que son maître était malade… mais on avait forcé la porte. Un accident venait d'arriver, on voulait le docteur, il le fallait à tout prix. — « Mais, disait sa jeune femme, il y a d'autres médecins. » — « Ils sont absents, puis nous n'avons pas la même confiance qu'en votre mari ». — « Vous ne savez donc pas qu'il souffre et qu'il lui est impossible de se remuer ». — « Hé bien ! nous le porterons, il ne peut nous refuser, c'est son devoir ». Et cet appel au devoir, qui était son culte passionné, détermina le bon docteur à céder à une contrainte qui était presque une barbarie.

On le plaça sur une chaise et, par la nuit noire, il se laissa emporter bien loin dans la campagne, souffrant cruellement, on le devine, des mouvements désordonnés de ses trop nombreux porteurs.

Enfin, on arriva à un petit village nommé le Chuzeau, où le docteur ne put, avec regret, que constater la mort d'un pauvre voiturier, qui avait dû s'endormir dans sa voiture d'où un choc l'avait fait tomber sur le monceau de pierres où il gisait assommé.

Le fatal accident était sans remède, et Monsieur Garin, glacé par le froid, brisé par la fatigue, secoué par la fièvre, fut reporté chez lui. Aussi, malgré sa bonté, fut-il profondément affecté d'un incident qui aurait pu avoir, pour sa santé, les suites les plus graves.

Il partit donc de nouveau pour Lyon. Son succès fut complet cette fois. Ce titre de médecin des hospices de Saint-Etienne allait l'appeler dans la populeuse et industrielle cité où s'accumulent forcément les souffrances et la misère, et il semble que toute la vie antérieure que nous venons d'esquisser n'a été qu'une digne et nécessaire préparation à la tâche que cet homme de bien allait s'imposer, et qu'il a accomplie sans défaillir jusqu'aux derniers instants de sa noble existence.

IV

SAINT-ETIENNE

Dans notre France, beaucoup de villes ont des annales qui, en se déroulant pendant une longue suite de siècles, indiquent leur rôle glorieux ou attristé dans les faits qui se sont succédé sur notre vieille terre gauloise, depuis l'invasion de César. Les unes, comme Lyon, la ville reine de notre région, ont conservé toute leur vitalité. Ainsi, l'antique Lugdunum ajoute à la poésie des souvenirs lointains et grandioses la merveilleuse transformation de la cité guerrière en ville de science, tout en gardant la suprématie de son grand commerce.

D'autres, au contraire, ont vu leur rôle s'effacer : dans notre Forez, c'est Feurs qui avait cependant donné son nom à la province, puis Montbrison, qui, après l'avoir dépossédé du centre administratif, s'est engourdie à son tour, dans une immobilité d'autant plus périlleuse que dans le même département se développait, à la façon des villes d'Amérique, une jeune cité, douée d'une énergie qui embrassait pour grandir de multiples industries.

Celle qui lui avait donné naissance avait réuni,

dans une étroite vallée, ou plutôt dans une gorge entourée de collines, de nombreux forgerons, attirés et retenus sur les bords du Furens par la trempe particulière que les eaux de ce torrent donnaient à leur acier. Avec la transformation des engins de guerre, les arquebusiers se réunirent aux forgeurs pour peupler la petite ville bruyante et affairée.

Près d'elle, Saint-Chamond fabriquait les lacets et les rubans ; cette dernière industrie se répandit bientôt jusqu'à Saint-Etienne, et au commencement de ce siècle elle prit l'essor que l'on connaît.

Les fabriques se multiplièrent et leurs produits furent expédiés dans le monde entier, où elles n'ont pas cessé de maintenir, par le bon goût des plus heureuses créations, leur supériorité artistique.

Enfin, l'exploitation, par de puissantes Compagnies des mines de houille qui entourent la cité, ainsi que la construction du premier chemin de fer français, celui de Lyon à Saint-Etienne, achevèrent ce complexe mouvement industriel qui transforma la ville avec une telle rapidité que la petite sous-préfecture de 30.000 âmes en avait, en 1850, plus de 100.000.

Pendant ce temps, Montbrison achevait de s'amoindrir dans son morne repos, et l'on ne put refuser plus longtemps à une agglomération aussi active d'être le siége de la direction départementale. En 1855, Saint-Etienne devenait Préfecture.

Mais alors que de vastes quartiers se créaient, que de grandes usines, des maisons spacieuses, des places ombragées et enfin un théâtre répondaient aux nécessités de travail et de délassement d'une ville populeuse, le vieux centre stéphanois témoignait de la piété chrétienne et pratique de nos pères en possédant, déjà dotés et organisés, les deux seuls grands établissements de bienfaisance de la ville : l'Hôtel-Dieu et la Charité.

Sans doute la voie qui y conduit, et qui passait autrefois pour une grande artère, est une rue étroite et tortueuse, et rien dans ces édifices n'a été sacrifié au paraître ; les grands murs sont nus et sombres, mais l'espace intérieur est vaste, et l'aménagement a pu suffire, avec quelques améliorations, à des maux et des misères dont le nombre s'est forcément de plus en plus multiplié.

C'est tout près de l'hospice qui, pendant vingt-trois ans, devait avoir chaque matin sa visite, c'est dans la vieille rue, aux maisons irrégulières, presque toute peuplée de nombreux et honnêtes travailleurs, que le bon docteur vint s'établir par une disposition qui semble comme providentielle.

Qui n'admet que tous les arts, toutes les sciences, et la science médicale surtout, n'aient besoin, pour progresser sans cesse, d'un état-major d'élite dont la mission est de poursuivre les recherches, de perfectionner les procédés, et d'ouvrir comme un horizon nouveau à ces générations d'étudiants studieux, avides de s'initier à toutes les conquêtes savantes.

Ceux-là sont les maîtres révérés, ils s'absorbent dans les spéculations élevées de la science pure et leurs noms illustrent notre pays.

A eux se joignent ceux dont la position scientifique est une juste récompense. La notoriété de leur savoir fait priser si haut leurs soins, qu'ils sont forcément la part du petit nombre des fortunés qui peuvent ajouter à leur gratitude une très large et juste rémunération.

Voilà les chefs de l'armée scientifique ; honneurs, fortune, qui peut les mériter plus dignement ?

Mais il est une mission d'une utilité immense, où un dévouement professionnel, presque désintéressé, peut seul satisfaire à une exigeante nécessité sociale. Et lorsque celui qui la remplit y joint un savoir réel, on ne peut parler sans un respect ému de celui qui veut, qui peut être un médecin populaire.

Combien de fois n'a-t-on pas eu l'occasion de s'étonner de la crédulité avec laquelle le peuple accepte souvent les prescriptions ignorantes d'un charlatan, de sa confiance en des remèdes de bonne femme, inutiles ou dangereux quand le temps presse, et des hésitations qui amènent le praticien trop tard devant un mal sans remède. Dans les réflexions que cet aveuglement suggère, ne fait-on pas trop de théories et point assez la part de l'impitoyable réalité ?

Si les malheureux assez dénués pour se résigner à la charité officielle de l'hôpital, y trouvent les soins d'habiles médecins, il est une foule qui se compose de modestes employés, de petits marchands, d'humbles travailleurs de toute sorte, qui, avec une économie dont le Français, et surtout la Française, ont le secret, équilibre son budget, à moins que la maladie ne vienne, avec son cortége de frais, compromettre toutes les combinaisons.

Beaucoup habitent dans les faubourgs, et la crainte d'une rétribution trop élevée pour de restreintes ressources, une certaine gêne pour aborder un médecin renommé, et l'appréhension de perdre un temps qui est littéralement l'argent de chaque jour ; toutes ces considérations, dis-je, expliquent, si elles n'excusent pas dans la foule populaire, les défaillances de jugement que d'aucuns critiquent d'une si amère façon.

Il nous a semblé que c'était parler du bon docteur que de décrire le cadre dans lequel allait se mouvoir la vie de celui qui a été, par excellence, un médecin populaire.

De sa science, nous ne voulons plus parler puisqu'elle a été désormais affirmée par sa position officielle ; mais, pour aider son dévouement, il possédait encore deux conditions nécessaires. Il fallait des antécédents comme les siens pour les réunir à un égal degré.

Si la rusticité de ses costumes avait fait souffrir autrefois le studieux étudiant, et avait contribué à son éloignement de la vie mondaine, cet éloignement était devenu un fait accompli ; et, dès lors, la préoccupation des apparences extérieures s'était effacée pour toujours de son esprit, en laissant le grave docteur dans l'indifférence la plus absolue sous le rapport de l'élégance.

Nul n'a moins sacrifié au désir de paraître, et sûr d'une valeur que l'homme le plus modeste ne peut s'empêcher de se reconnaître quand elle est aussi réelle, sa narquoise bonhomie semblait prendre plaisir à l'erreur où tombaient, quand il était encore peu connu, certains jugements féminins qui se laissent volontiers influencer par un brillant extérieur.

Et quand, plus tard, sa renommée d'excellent praticien lui eut ouvert de confortables demeures, sa robuste chaussure, soigneusement ferrée, apportait, sur de brillants parquets, la trace des interminables courses faites toujours pédestrement. Mais alors il était affectueusement apprécié : « C'est un savant original, disait-on ». C'était surtout un homme de bien que ses affinités primitives, ses qualités naturelles, et plus tard ses touchantes vertus entraînaient vers les mêmes impressions, les mêmes sentiments qui ont fait les héros chrétiens que nous appelons des saints.

Ce parti pris absolu de ne jamais s'occuper de lui, cette parcimonie extrême dans tout ce qui touchait à ses besoins personnels, laissaient, on le conçoit, à sa générosité, le moyen de s'épancher plus largement ; aussi, malgré le soin qu'il prenait d'en voiler les manifestations, le souvenir attendri du bien qu'il a fait justifiera dans la mémoire de ceux qui l'ont approché l'éloge bien imparfait que ces lignes contiennent.

La seconde condition qui lui permettait de répondre sans de trop grands frais aux appels les plus multipliés et les plus lointains, c'était une aptitude de marcheur, que les circonstances antérieures avaient heureusement développée pour l'utilité actuelle.

Fils de cette forte race de propriétaires campagnards qui n'arrachent à la terre qu'un modeste revenu, dans un pays où le commerce ne vient point en aide à l'agriculture, il souriait souvent devant l'étonnement de citadins que provoquaient en nous ses marches intrépides.

Etudiant en médecine à Lyon, il avait fait plusieurs fois à pied le trajet qui sépare cette ville de la Côte-Saint-André, voyageant la nuit pour gagner une journée, au risque de s'égarer dans les bois ou de se perdre dans les fondrières, comme cela lui était du reste arrivé.

A Paris, jamais aucun moyen de locomotion n'avait prélevé la moindre part sur son mince budget ; et, malgré sa voiture, pendant son séjour à la Côte, la multiplicité de ses courses pédestres lui faisait trouver un soulagement relatif dans sa nouvelle situation. Cependant la tâche qu'il avait acceptée dès ses débuts était assez rude pour lui imposer une moyenne de quatre lieues à faire. C'est le souvenir qu'il opposait plus tard à nos prières de se ménager. « Alors, nous disait-il, je crois bien que je signais presque le quart des ordonnances quotidiennes ; et il ajoutait finement : « Ce qui ne veut pas dire que je recevais, à beaucoup près, le quart des honoraires. » En effet, habitué aux modiques rétributions campagnardes, il profita surtout de son titre de médecin des hôpitaux pour être connu d'un plus grand nombre de clients, et accessible aux demandes les plus humbles.

Médecin du Bureau de bienfaisance dès son arrivée, il en continua jusqu'à sa mort les nobles et gratuites fonctions.

Le jour, la nuit il partait sans hésiter donner aux plus malheureux le secours de son art ; et peu lui importait le lieu désert et l'accès difficile. Aussi, il répondait en refusant de prendre une voiture : « Souvent mon but est loin des grandes voies, j'y vais par des chemins peu frayés, puis et c'était là sa grande raison, j'épargne des frais trop onéreux à de pauvres gens ou à de braves travailleurs. »

Selon les sollicitations, il partait donc de ce pas égal, qui semble d'abord lent, mais qui ne s'interrompt jamais, soigner d'abord ses nombreux clients. Puis il s'éloignait de la cité, car, dans un rayon étendu, on apprit vite à désirer sa bienfaisante présence. Souvent, dans le même jour, il se transportait aux points les plus opposés. Arrivait-il, accablé de lassitude, de Roche ou de Saint-Genest, son stoïcisme dominant la fatigue, il repartait selon l'urgence à Saint-Jean ou à Firminy. Que de faits à citer de son courage, sous ce rapport !

Un soir, mandé à Andrézieux, il part à pied.

Trompé par une distance qu'il ne connaissait pas encore, il n'est libre qu'après le départ du chemin de fer, et reprend, dans la nuit noire, la longue route déjà parcourue pour ne point inquiéter sa maison et ne pas manquer sa visite matinale à l'hôpital.

Cette dernière obligation était pour le docteur un devoir moral absolu. Que de fois pourtant le repos devait être un besoin impérieux, car, à peine couché, tout accablé par les labeurs du jour, il consentait à se relever et à repartir encore la nuit par tous les temps ; l'hiver même, avec sa froidure et ses neiges, n'entravait pas ses rudes pérégrinations.

Un jour nous suivions, en un groupe d'amis, la route qui serpente sur le flanc des collines jusqu'au pittoresque bourg de Rochetaillée. La nature était en fête, nul flocon nuageux dans l'azur du ciel, sur lequel s'estompaient les hautes tours du vieux château féodal, la senteur des sapins et des genêts en fleurs pénétrait l'atmosphère, et du fond de l'étroite vallée montait vers nous un murmure de voix et de chants.

Impressionnés par cette joie du renouveau, nous marchions en silence. « Ah ! s'écria le docteur, il y a peu de temps, j'ai passé en ce même lieu un moment bien difficile. Appelé en toute hâte à Rochetaillée, il était plus de minuit quand je parcourais seul cette route où la neige avait effacé toutes les traces, la nuit était sombre, et pour ne pas rouler le long du talus escarpé, je cheminais du côté du rocher, quand une vaste congère, amassée par le vent, m'engloutit presque à mi-corps. Point de secours à espérer. Enfin, avec du temps et des efforts, je réussis à me dégager, mais j'arrivai à destination tout trempé et tout frissonnant. — On vous fit changer... sécher ? — Cela eût pris trop de temps, je préférais repartir. — Quoi, sur le même chemin ? — Oh ! cette fois, dit-il gaiement, j'étais éclairé par un brave garçon et le retour se fit sans encombre ».

Un flot de souvenirs retrace à notre pensée bien d'autres anecdotes qui toutes témoigneraient comment chaque jour il exposait sa santé et consumait ses forces. Vouloir peindre l'ardente volonté avec laquelle cet homme d'un aspect si débonnaire poursuivait l'accomplissement d'une lourde tâche, c'est reprendre le récit de ses actes.

Tous les six mois, les médecins des hospices passaient successivement dans les services suivants : Service des hommes, service des femmes, Charité et service militaire.

Monsieur Garin se trouvait chargé de cette dernière section pendant l'été de 1859.

Les faits qui s'écoulèrent alors sont dans toutes les mémoires. Notre France était triomphante, et, après une glorieuse campagne, nos soldats revenaient vainqueurs. Nous n'avons pas à considérer ici les graves conséquences qui devaient découler de leurs victoires, mais il est un résultat hélas ! toujours fatal d'une guerre heureuse ou malheureuse, c'est cette hécatombe d'utiles, nécessaires ou brillantes existences moissonnées en pleine floraison de la vie. Les morts restaient là-bas sur la terre étrangère, à la garde de ceux qu'ils venaient de délivrer, et qui, en retour, allaient nous abandonner à l'heure du péril et de l'angoisse. Les blessés et les malades revenaient dirigés par escouades sur les grands centres où les secours étaient assurés.

Ceux qui arrivèrent à Saint-Etienne étaient les victimes de la fièvre typhoïde, et nous donnerons une idée de l'importance des convois qui se succédèrent en disant que dans l'espace d'environ trois mois, 800 à 900 soldats passèrent successivement dans le service de notre bon docteur. Ce sera dépeindre son zèle dévoué à leur égard que d'ajouter à son culte du devoir professionnel sa compassion charitable et dans son âme si française sa vive sympathie pour nos vaillants soldats.

L'inspecteur militaire fut d'abord étonné de son infatigable activité, puis ce sentiment se changea en une admiration qu'il ne pouvait assez témoigner devant le résultat heureux de ses soins savants. La croix d'honneur lui sembla une récompense naturelle.

Cette fois, le docteur avait le sentiment intime qu'il l'avait gagnée. Ces dernières fatigues si excessives avaient ébranlé sérieusement ses forces ; il s'en allait courbé et vieilli et nul n'eût voulu croire qu'il était à peine dans la force de l'âge, il n'avait pas 37 ans. Il est vrai que sa robuste nature avait un tel ressort qu'il lui a suffi plusieurs fois d'un peu de relâche pour se retremper, se fortifier et se trouver prêt à une nouvelle lutte.

En ce moment, où ses efforts avaient ramené à la vie un grand nombre de ses malades, sa conscience lui disait le service rendu à l'Etat ; mais il eût voulu recevoir la croix comme le soldat sur le champ de bataille ; or, il s'agissait de demande à faire, de signature à donner ; et cette fois encore sa raide droiture qui aurait accepté une récompense, ne voulut pas avoir l'air de solliciter une faveur ; les pourparlers cessèrent, et une lettre du ministre pleine de remerciements élogieux fut la seule trace de cet épisode.

Monsieur Garin était alors établi depuis un an dans la cité stéphanoise, désormais ses preuves étaient faites, et la confiance qu'il inspirait devait aller toujours grandissant. Des cures et des opérations heureuses lui attiraient maintenant de riches et honorables clients qui, en connaissant mieux son caractère, ne tardaient pas à lui vouer une profonde estime. Nul de ceux qui l'approchaient n'échappait longtemps à cette impression.

Mais doué du cœur le plus sensible, le docteur avait surtout de nombreuses et fidèles amitiés.

Il n'aimait pas le monde, c'est-à-dire ces relations de simples convenances où des formes cérémonieuses, une politesse superficielle, un luxe de toilettes et de réceptions remplacent la cordialité d'un petit groupe choisi. Ayant conservé avec sa femme, toujours aussi tendrement aimée, les chères habitudes d'autrefois, sa joie intime de la sentir près de lui, de l'entraîner chaque jour dans une de ses longues courses, était l'allègement de la tâche énorme qu'il s'acharnait à remplir.

Dans ses travaux de cabinet, dans la poursuite de ses études scientifiques pour lesquels il avait le rare secret de trouver encore du temps, le doux froufrou de son pas alerte, les fredonnements de sa voix légère gardaient sans cesse à son oreille le même charme reposant.

Seul, il se fût peut-être concentré de plus en plus dans des études profondes et dans leurs applications incessantes; mais avec elle, il se laissait facilement entraîner chez des amis qui les accueillaient et qu'ils recevaient à leur tour avec un égal plaisir.

Peu à peu leurs relations prirent avec deux familles un caractère particulier d'intimité, les entrevues devinrent habituelles jusqu'à ce qu'enfin une agréable convention établit qu'on se recevrait tour à tour régulièrement tous les dimanches. On passait la soirée et l'on prenait le thé le jeudi suivant dans la maison où l'on venait de se réunir.

Pendant des années ce pacte affectueux se maintint et il fallut la tristesse et l'amertume de nos désastres pour en déranger la régularité.

Que de charmes dans ces réceptions sans apprêts et dans ces causeries sans arrière-pensées, où, de la gravité des plus hautes appréciations sur les hommes et sur les choses, on passait au rire irrésistible provoqué par quelques saillies humoristiques ou quelque récit bouffon.

Qui le croirait, c'est le bon docteur qui avait le secret d'exciter la plus vive hilarité. Entre le grave praticien et le causeur aux remarques originales, le contraste semblait grand, mais n'a-t-on pas observé la gaieté naturelle des âmes innocentes ou épurées par la vertu?

Constamment en présence des plus douloureux drames humains, son esprit trouvait dans l'abandon de ces entretiens familiers une détente nécessaire ; dans la sécurité de ce cercle intime, il se dépouillait de sa timide réserve et une causticité un peu narquoise égayait ses piquantes anecdotes.

C'est alors qu'il égrenait les souvenirs recueillis ici, et qu'il nous faisait passer tour à tour d'une troublante impression aux éclats d'une innocente gaieté. C'est alors surtout que son cher Dauphiné, que Penol le village natal, fournissaient à ses récits une mine inépuisable et un texte à nos plaisanteries.

On devait s'y retirer, et d'une réunion à l'autre, il inventait une fonction burlesque à chacun des membres de l'association, en ajoutant sans cesse sur ce thème les plus amusantes fantaisies. Puis, la sonnette retentissait, et le docteur partait sur le champ, le repas fût-il à peine commencé.

Bien rarement nous le vîmes passer une soirée tranquille. Si la visite était dans la ville, l'espace était vite franchi, mais souvent l'appel était lointain, et aucune sollicitation n'a jamais pu le retenir.

Ces réunions étaient loin d'être toujours exclusives, et les relations particulières devenaient souvent des amitiés communes. Il nous souvient qu'un de nos aimables convives, spirituel et lettré, nouvellement reçu chez le docteur, paya sa bienvenue chez lui par ces couplets qui perdent à être séparés d'une musique dont il était également l'auteur :

LE BON DOCTEUR

ou

LA CONSULTATION

En montant vos escaliers
J'imaginais volontiers,
Tant de force a l'habitude,
Sentir un malaise rude ;
A peine me soutenant
Je marchais d'un pas traînant.
La gaîté dans moi circule,
Je me sens un autre Hercule,
J'ai bu, j'ai mangé de tout.
Bon docteur, suis-je chez vous ? } *Bis.*

Sur la porte j'ai pu voir
Que vous teniez le pouvoir,
De par la loi, la science,
D'envoyer l'humaine engeance.
Avec une permission,
Passer la barque à Carron.
De ce sombre ministère
Vous ne vous occupez guère,
Vous nous faites guérir tous. } *Bis.*
Bon docteur, exercez-vous ?

Dans Hippocrate ou Gallien,
Je ne me souviens pas bien,
Il est un précepte sage
Dont ils vantent fort l'usage :
C'est, l'hiver comme l'été,
Pour conserver la santé,
De se griser chaque lune
Plutôt deux bonnes fois qu'une.
Ce vieux remède est si doux, } *Bis.*
Bon docteur, l'ordonnez-vous ?

Vous défendez de la mort
Le sexe faible, le fort ;
Mais de votre clientelle
C'est la moitié la plus belle
Que votre art miraculeux
Sait en défendre le mieux.
Votre main devient tremblante
Près mainte beauté souffrante
Quand son cœur bat à grand coup. } *Bis.*
Bon docteur, qu'en dites-vous ?

Du logis la faculté
A chassé la gravité :
Une ravissante hôtesse
Nous verse une douce ivresse
Avec deux grands yeux charmants,
Des sourires de printemps,
Et sa main blanche et jolie
Nous entraîne à la folie :
Vous donnez ce mal chez vous, } *Bis.*
Bon docteur, guérissez-nous !

Je laisse deviner les joyeux applaudissements.

De temps en temps les tranquilles veillées se changeaient en soirées dansantes qui n'agréaient au docteur que par le plaisir qu'elles procuraient à sa femme. Dans son hospitalier logis, il l'aidait avec son aimable aménité à organiser jeux ou sauteries. Ailleurs, il disparaissait au premier appel, et bien souvent ne revenait qu'à l'heure tardive de la séparation.

Du reste, nous ne saurions assez le redire, Monsieur Garin ne s'est jamais réservé volontairement une heure de tranquillité, et malgré d'affectueuses appréhensions, on s'était résigné à son austère dévouement professionnel.

Il semblait qu'il pouvait désormais abuser d'une constitution qu'il avait impitoyablement endurcie ; mais les forces humaines ont des bornes que le docteur dépassait trop. En 1868, il finit par être accablé des douleurs rhumatismales les plus intenses. Il ne s'avoua pas de suite vaincu. — Docteur, vous êtes aussi malade que ceux que vous allez visiter, lui disait-on. — Oui, mais Dieu, que je prie, me donne une grâce d'état.

C'était vrai, et cette vie ne saurait être comprise si on n'apprenait à quel point son mobile était resté exclusivement chrétien.

Les années en se déroulant n'avaient affaibli aucune de ses croyances, amoindri aucune de ses convictions, et c'est leur développement logique qui a fait sa grandeur morale.

C'est sa foi ardente et profonde qui fortifiait son dédain des jouissances matérielles, et lui communiquait l'énergique vouloir qui lui a fait accomplir, pour ainsi dire, l'impossible.

Qu'on regarde ceux qui se déclarent les ennemis du dogme chrétien : leur verve, leurs talents, leurs œuvres tendent à la haine. Que d'actes égoïstes ou coupables voilés par des mots sonores et quelques phrases stéréotypées ! Les vertus puisées à l'école du Christ leur semblent si étranges qu'ils les nient, ou les rangent dans un cas pathologique quelconque. C'est l'éternelle folie de la Croix, leur éternelle risée, mais aussi leur éternelle énigme.

Sans doute, Monsieur Garin était naturellement sobre, modeste et charitable. Une influence surnaturelle a transformé ces qualités en fortes et touchantes vertus.

Sa sobriété devint une mortification voulue ; sur ce point, il observait avec une exactitude extrême les préceptes catholiques si facilement éludés par la tiédeur des convictions chancelantes ; et, quand au déclin de sa vie, ses forces épuisées, sans trahir son courage, lui imposaient une plus cruelle fatigue, nous dûmes, à l'indiscrète admiration d'une domestique, d'apprendre qu'il continuait à jeûner rigoureusement le carême tout entier.

A l'école du Christ, sa modestie si réelle s'était transformée en une humilité qui surprenait tous ceux qui n'ont pu observer à quel point elle était sincère. Toute distinction le gênait, et cette humble et touchante impression l'entraînait à se confondre partout avec la foule. A l'église, il se mêlait de préférence aux groupes ouvriers ; en voyageant, il prenait fréquemment la dernière classe. Sauf pour l'association de médecine, où l'esprit de confraternité l'emportait sur sa réserve, son effacement voulu l'éloignait de toute fonction honorifique.

Ce sentiment donnait à son extérieur ce cachet particulier de simplicité et de bonhomie qui le rendait si facilement accessible ; c'est lui qui explique certaines circonstances de ce récit : son désintéressement et l'obscurité relative de sa bienfaisante personnalité.

Dans sa lutte quotidienne avec la douleur, avec la mort, sa foi cherchait l'auxiliaire divin dont il se déclarait l'humble instrument, et chacun de ses succès médicaux lui faisait dire, comme au bon Ambroise Paré : « Je le pansçay, Dieu le garit. » Le plus heureux pour lui fut celui qui arrêta chez Madame Garin les progrès d'une maladie qui pardonne rarement. On comprend, mieux que je ne le pourrais dire, sa lutte anxieuse, les soins où il déployait toutes les ressources de sa science. Hé bien ! c'est à l'élan de la prière, où il demandait un secours au-dessus des moyens humains, qu'il ne cessa d'attribuer cette bienheureuse guérison. Aussi, voulant en donner un témoignage visible, il ne se contenta pas de faire avec sa femme le pèlerinage promis ; il voulut aller à pied de Grenoble à la Salette, comme un signe de son humble gratitude.

Mais le trait caractéristique de cette vie, celui qui en justifie l'épigraphe, fut sa profonde compassion pour les misères humaines servie énergiquement par tous les moyens qui l'ont rendu efficace.

Nous rendrions bien mal notre pensée, si nous

laissions supposer que nous attribuons à l'homme de bien, dont nous suivons les traces, ce don exclusif de dévouement si généralement, si noblement le partage du corps médical tout entier. Ses collègues des hospices, en particulier, ne participaient-ils pas aux mêmes labeurs scientifiques, aux mêmes œuvres de charité? Aussi le récit de leurs travaux aurait droit à la même admiration.

Du reste, nous ne rendrions pas entièrement la physionomie typique de notre cher docteur, si nous ne disions pas ici de quelle estime profonde il entourait sa noble profession médicale, et avec quelle singulière fierté il en relevait l'honneur.

C'est l'analyse de cette impression élevée qui explique le changement de sa sympathique bonhomie en une susceptibilité presque ombrageuse dès qu'il croyait voir sa dignité professionnelle moins respectée. Il se retirait alors, quel que soit son intérêt, quel que soit l'étonnement d'un oubli involontaire ou la prière de ses amis. Il semble que plus sa simplicité, comme homme privé, était grande, plus il insistait sur les égards qu'il jugeait dus au titre doctoral.

Nous le savons donc, comme le soldat sur le champ de bataille se transforme en héros, tout médecin digne de ce nom a pour aide nécessaire, dans son combat journalier avec les maux humains, un courage qui se fait selon les circonstances facilement héroïque. Mais dans ce devoir rempli se trouvent des mobiles divers. C'est l'intérêt ou l'ambition qui cherchent la fortune ou les honneurs, la curiosité scientifique, l'attrait des recherches ardues, l'entraînante passion de pénétrer plus avant dans les replis mystérieux de l'organisme humain ; c'est enfin une pitié profonde qui conduit jusqu'au sacrifice pour multiplier plus de secours et adoucir plus de douleurs.

Alors le praticien vénéré ne donne pas seulement son temps, ses soins, mais cette part du cœur qui fait l'amour.

C'est ainsi que Monsieur Garin a aimé les deshérités du sort. Dans le malheureux qu'étreignait la douleur, il ne voyait pas seulement le sujet intéressant, le cas difficile que sa science guérissait comme une étude ou un succès : une voix divine, toujours écoutée, lui avait enseigné à le regarder comme un frère. Que dis-je ? Jésus a été plus loin, il se substitue au misérable et cette étonnante assertion a depuis dix-huit cents ans changé l'humanité. Que ceux qui la rejettent entassent systèmes sur systèmes : ils n'ont, hélas ! produit que des coalitions d'intérêts ou de convoitises, et ravivé de nos jours le froid égoïsme du *Væ Victis* antique.

Ces vaincus du combat de la vie, exploités ou dédaignés par trop de jouisseurs, le bon docteur les a aimés dans toute l'étendue du précepte évangélique. Ce qu'il retranchait à son élégance, à son bien-être, il le leur a donné largement. C'est à leur service qu'il a épuisé ses forces, car sa riche clientèle habitait le centre très restreint de la ville. Eux, il allait les chercher dans les quartiers obscurs, au fond des ruelles ignorées de nos faubourgs. Il les aimait comme les victimes de l'expiation commune ; il aimait surtout les travailleurs, car il était lui-même un combattant. Il n'a jamais été le médecin à la mode : en général, il prêtait assez peu d'attention aux doléances d'une nervosité oiseuse ; l'argent ne lui semblant pas, dans ce cas, un dédommagement à la perte d'un temps devenu de plus en plus précieux, depuis qu'il lui suffisait à peine pour repousser les rudes assauts de la mort.

Le mal se montrait-il sérieux, son diagnostic exercé était rapide et sûr, et sa brusque concision se changeait en une patience attendrie que rien ne lassait plus. Si nous sommes impuissants à nombrer ses courses charitables, nous le sommes aussi à reproduire les témoignages de la gratitude qui conserve dans tous les cœurs le souvenir de sa délicate bonté.

Cette exquise sensibilité unie à la plus rare énergie, constitue, pour la mémoire de cet homme excellent, un trait physionomique d'une saisissante beauté morale.

Aimant donc les petits, les humbles, les malheureux plus que ne saurait l'exprimer notre plume inhabile, il entourait d'une vénération spéciale les grandes âmes qui ont fait du même amour le but de leur vie entière.

Sans cesse en rapport avec les religieuses de la Charité et de l'Hôpital, il pouvait pénétrer plus avant dans les mystères de cette abnégation chrétienne dont il comprenait si bien le sens.

Disons qu'en retour, le souvenir du charitable médecin est toujours vivant chez ces admirables servantes du pauvre et que leurs prières est un riche trésor qu'il a eu le bonheur d'acquérir.

Le Bureau de bienfaisance était alors en leurs pieuses mains, et les bonnes sœurs lui adressaient volontiers ces infortunes navrantes où la maladie s'ajoute au dénûment, comptant sur ses secours en même temps que sur ses soins.

Du reste, pas une des œuvres bénies de la charité catholique dont il ne reconnût l'absolue nécessité. En rapport constant avec les misères, avec les vices d'une grande cité, il pénétrait chaque jour dans un bas-fond social dont il nous rapportait des récits d'un réalisme effrayant. Tantôt il nous parlait d'une perversité plus inconnue alors qu'en notre moment actuel ; tantôt il admirait ces héroïsmes obscurs à peine soupçonnés par les tranquilles existences à qui le poète peut dire en ses vers admirables :

> Donnez afin qu'un jour à votre heure dernière,
> Contre tous vos péchés, vous ayez la prière
> D'un mendiant puissant au ciel.

Sauver de l'abandon, sauver de la contagion mauvaise le plus possible de jeunes existences, lui semblait une nécessité sociale heureusement abordée par les Providences qui recueillent les pauvres orphelines.

Il était le médecin gratuit de plusieurs. Les deux patronages de jeunes gens eurent également ses soins, car il s'intéressait vivement à la jeunesse des laborieuses classes ; sa direction, bonne ou mauvaise, ne fonde-t-elle pas la bonne ou mauvaise assise de toute une génération ?

C'est cette pensée qui sans doute a inspiré au docteur la magnifique libéralité qu'ont déjà indiquée quelques mots de notre récit.

Ayant rencontré souvent des intelligences heureusement douées que la misère attachait à un travail matériel ou que la gêne de leurs parents détournait des hautes études, et se rappelant à quel point son cher collège savait former les hommes et tremper les caractères ; il y fonda cinq bourses qui lui permettaient d'y placer cinq élèves, dont trois orphelins de la Charité firent partie. Dans la pensée de M. Garin, cette œuvre devait se perpétuer, et si des circonstances, plus fortes que sa volonté, vinrent après plusieurs années l'interrompre, le mérite de cette féconde initiative sert de mesure à l'élévation de son esprit et à la générosité de son cœur.

Quel exemple pratique à suivre, et combien la simplicité de ses allures semblait touchante à qui en connaissait le mobile ! C'était son luxe à lui, que de telles largesses. Il les voilait soigneusement ; cependant nous savons encore qu'il a donné, pendant deux ans, six cents francs pour les orphelins de la Charité, et que ce don généreux ne fut suspendu que par la même cause que celle qui a arrêté le précédent.

Si l'étude de cette âme d'élite réussit à la faire admirer et aimer par ceux qui ne l'ont pas connue, et à faire dire aux autres : « C'est bien lui, » on nous pardonnera cette longue digression.

Nous avons laissé le bon docteur vaincu par la souffrance. Il lui avait trop résisté, et bientôt son état inspira une inquiétude générale à tous ceux qui l'approchaient. Lui-même s'avouait gravement atteint quand il partit pour l'établissement du Marthouret, dont les bains résineux lui firent un bien sensible. Nous eûmes donc la joie de le voir revenir, sinon guéri, du moins donnant l'espoir d'un rétablissement prochain. Il ne se fit que lentement, le rouage de la vie qu'il s'était créée imposant au docteur des efforts toujours plus grands que ses forces. Quelques rechutes successives le forcèrent à prendre de partiels moments de repos.

Alors, nous venions l'entourer et, grâce à son merveilleux talent de lecteur, les soirées s'écoulaient rapides et charmées. Notre ami lisait sans se lasser, avec une intonation émue, avec une sensibilité qui vibrait à tous les attendrissements de l'écrivain. De *Polyeucte* et des fiers accents cornéliens, il passait aux fines réparties du *Misanthrope* ou aux bouffonneries spirituelles des *Plaideurs*. Puis, laissant les classiques, il nous disait quelques-unes des nouvelles dues à la plume alerte de quelque conteur parisien.

Peu à peu, le robuste tempérament du docteur reprit l'avantage, son activité revint de même, mais la fatigue était plus grande. Maintenant l'effort s'accusait par l'altération des traits, et de temps en temps par un mélancolique souvenir du pays natal et une aspiration au retour vers lui. C'est dans un de ces moments de lassitude morale qu'il écrivait :

> Oui, je veux les revoir ces champs que mes aïeux
> Ont trempés de sueurs et peut-être de larmes.
>   Penol, mon doux village,
> Combien il eût été pour moi plus précieux
> De rester sur ton sol, d'y vivre sans alarmes
>   Comme il convient au sage !

Il voulut alors donner à ce désir, qui devait devenir si ardent, un commencement de sanction en se créant là-bas, dans son cher Dauphiné, une riante demeure.

Mais le temps avait marché, et nous touchions à ces moments d'indicible angoisse où notre France si forte, si longtemps victorieuse, devint tout à coup la grande vaincue. Tous, nous avons vécu ces jours de sombres tristesses, alternés de fallacieux espoirs. Tous, nous avons cru à la délivrance de Metz, à la délivrance de Paris : et Metz a été trahie, et Paris s'est rendu ! Depuis le coup de foudre de Sedan, nous nous groupions encore en une triste réunion. Les dames travaillaient avec ardeur, semaines, dimanches, à la confection de vêtements chauds destinés aux pauvres mobiles qui allaient partir ; les maris lisaient les journaux divers, cherchant une bonne nouvelle et ne trouvant que des désastres.

On croirait à un affreux cauchemar rêvé, si les résultats n'étaient là, hélas ! pour nous dire : « C'est vrai. »

Le docteur pouvait du moins tromper sa patriotique douleur en reprenant son rôle dévoué.

Par un hasard remarquable, il se trouvait diriger, comme en 1859, le service militaire. Mais, que de différences entre les deux époques : Nos soldats arrivaient également par troupe, mais au lieu d'être triomphants, ils étaient mornes, accablés et atteints, eux aussi, par une maladie contagieuse, cette fois c'était la petite vérole. Le docteur oublia son accablement, il multiplia ses soins ; tout ce qu'il avait pu faire aux époques antérieures, il le fit de nouveau. Quand le mal fut en décroissance, ses forces succombèrent à une nouvelle attaque de rhumatisme aigu ; elle dura peu. C'est dans ces tristes circonstances que nous pûmes apprécier la ténacité de vouloir de Monsieur Garin. Encore tout chancelant de ses récentes souffrances, il accepta le soin de l'ambulance la plus éloignée, celle qui était fixée à la Fouillouse ; il y allait presque tous les jours et, la plupart du temps, il faisait à pied cette longue course.

Cependant, Paris s'était rendu et nos douleurs nationales ne faisaient point de trêve. Après une paix désastreuse, qui, en appauvrissant notre France, la mutilait de deux de ses plus belles provinces, vinrent les folies sanglantes de la Commune, auxquelles Saint-Etienne fit un triste écho. Puis, le calme se fit, celui qui suit l'orage quand le sol est encore couvert de ses débris.

Les dévouements avaient été naturels et nombreux. Beaucoup furent récompensés par cette croix que Monsieur Garin n'avait point encore. Le général Vinoy, grand chancelier, était originaire d'un bourg voisin de la Côte-Saint-André, où une partie de sa famille habitait et connaissait le docteur. Un compatriote commun, profitant de cette circonstance, adressa à son insu, à Paris, une demande faisant valoir ses droits déjà anciens à cette distinction. La réponse arriva flatteuse et pleine d'estime : le docteur n'avait qu'à envoyer sa demande, et malgré toutes celles qui assiégeaient la chancellerie, la sienne serait accueillie. Il fallut bien communiquer cette démarche à Monsieur Garin, mais sans triompher de son parti pris. — Moins que jamais, dit-il tristement, l'Etat a tant d'héroïsmes malheureux à consoler. C'en était fait, le docteur Garin devait mourir humble soldat du devoir, sans autre distinction sur la terre que celle qu'il devait à l'estime générale.

Nous nous sommes peu étendu sur l'impression de douleur qu'il ressentit à ces sombres moments de notre deuil national.

On doit deviner la profonde blessure d'un cœur qui plaçait l'amour de la patrie au-dessus de tous les amours terrestres. Mais l'homme a tant besoin d'espérer, qu'après nos étranges revers nous puisions un sentiment consolant dans l'espoir que cette immense secousse allait commencer pour notre pays une ère régénérée.

En nos causeries, désormais souvent graves et préoccupées des problèmes sociaux, notre cher docteur relevait notre espoir. Sa foi dans la mission de notre patrie lui faisait considérer sa défaite comme une leçon comprise.

« Je ne vois pas, nous disait-il, quel est le peuple qui pourrait remplacer la France dans ce qui constitue l'essence propre de la destinée d'une nation. Elle peut perdre son industrie, la gloire des lettres, et même, par malheur, la suprématie militaire : ce sera seulement une éclipse si elle ne tarit pas la source d'une généreuse expansion, et si dans le monde les sentiments d'honneur, de sacrifice ont toujours pour synonyme le mot : France. »

Mais il ajoutait : « Ces grands élans ne vont pas sans l'oubli de soi-même, notre décadence commençait par la soif de jouir, l'âpre recherche de l'argent et la considération peu raisonnée que l'on accorde à son possesseur. »

Nos douleurs patriotiques allaient —croyait-il— étouffer ce germe funeste. Alors une plus grande simplicité laisserait plus de ressources pour les efforts collectifs, l'humiliation de tous ferait l'union du relèvement commun. Des associations ouvrières mieux ordonnées, des caisses de retraite, des œuvres charitables plus étendues, ayant plus de ressources, commenceraient l'apaisement de la question sociale qu'il ne voyait résolue que par l'amour.

Il applaudissait aux essais d'une décentralisation, non pas communale, mais scientifique et littéraire, devant créer dans notre France plusieurs centres d'activité intellectuelle ; il applaudissait à la création des universités libres, répandant dans la jeunesse cet esprit chrétien qui forme la beauté du caractère français. Pauvre cher docteur ! il eut l'amertume de voir s'arrêter ce mouvement qui nous avait fait tressaillir d'espérance. Que dirait-il maintenant que nous sommes si loin de son généreux programme? Ah ! sans doute toutes ses anxiétés renaîtraient comme renaissent les nôtres.

Monsieur Garin n'eut point d'enfants, et ce fut dans sa vie une grande déception et un grand sacrifice ; on peut juger de la tendresse éclairée qu'il leur eût prodiguée par la sollicitude dont il entoura le fils d'un de ses amis. Il le vit grandir, et ne lui témoigna pas seulement une bienveillance banale, mais il eut pour lui toutes les préoccupations d'une sérieuse amitié. Prenant le jeune garçon par la main, il l'emmenait souvent dans ses visites multipliées, comme il eût fait d'un fils.

C'était avec une touchante attention qu'il s'efforçait d'élever cette jeune âme à de viriles aspirations, à la pénétrer de l'utilité du travail, et de la jouissance du devoir accompli. Puis, il lui vantait l'attrait des études scientifiques, la noblesse de la profession médicale et le bien que par elle il lui serait donné de faire.

L'enfant écoutait rêveur, puis jetait un œil d'envie sur la trousse, sur les instruments bizarres et s'en faisait expliquer l'usage. Ils seront à toi plus tard, lorsque tu seras mon collègue, disait en riant le bon docteur. Sa satisfaction fut donc vive quand, sortant du collége, le jeune adolescent déclara que sa vocation médicale était irrésistible.

Il l'encouragea au départ et adoucit l'anxieux

chagrin de la pauvre mère par l'espoir que son enfant, guidé, soutenu par un tel ami, se pénétrerait de ses exemples pour suivre une voie pareille.

Direction scientifique, encouragements élevés, avis judicieux, rien ne manqua au jeune étudiant pour suivre le sillon de ce maître vénéré ! Combien nous regrettons que la rapidité de cette esquisse nous prive de reproduire ici ces énergiques conseils où revivaient les souvenirs des studieux labeurs de sa jeunesse, et les touchantes considérations spiritualistes par lesquelles il ramenait ce jeune esprit à la grande pensée de Dieu, organisateur de la matière.

En relisant ses causeries, on se sent pénétré par la grandeur d'âme de celui qui, avec un serein oubli de ses souffrances et de ses peines, avait la sollicitude de se préoccuper des examens, des travaux et des succès d'un étudiant, quand on sait que ces lettres embrassent la période la plus assombrie de cette bonne et digne existence.

Il y avait peu de temps qu'elle venait d'échapper aux dangers extrêmes d'une fluxion de poitrine des plus sérieuses. Les causes, on les devine : l'affaiblissement de sa vigueur ne pouvant déterminer Monsieur Garin à un peu de ménagement.

Devant la gravité subite de son état, le docteur, ainsi qu'il devait le faire plus tard, avait demandé, dès l'abord, les secours divins ; puis, consolé, soutenu par cette préparation suprême, il entreprit, avec tout son courage, la lutte contre la maladie sans reculer devant les remèdes les plus énergiques.

Cependant le bruit de son péril s'était répandu, l'émoi de ses amis et de ses nombreux clients, les démonstrations sympathiques, les prières ferventes se réunirent en un témoignage général des sentiments que le dévoué médecin avait à jamais conquis.

Il fut sauvé, mais cette fois l'avertissement était trop sérieux pour qu'il s'y méprît. Il fallait s'avouer l'immense lassitude ressentie, et les menaces de rechutes que notre rude climat lui faisait craindre. Heureusement il était prêt pour ce moment. Pendant les années qui venaient de s'écouler il avait agrandi son domaine, et s'était créé à quelques pas du toit paternel, possédé par sa bonne sœur Emilie, une aimable retraite, à la fois modeste et confortable ; ne fallait-il pas que sa femme y trouvât le plaisir d'une installation agréable ?

Connaître son caractère, c'est prévoir qu'il ne rêvait pas le repos ; pour les pauvres, sa voiture devait suivre encore les sentiers champêtres, elle devait aussi le conduire chez de bons amis qui avaient déjà réalisé ce rêve de retour.

Sa tâche était largement accomplie, il était prêt, avons-nous dit, et ce fut alors qu'une rude épreuve le rejeta dans la mêlée humaine dont il allait s'éloigner.

Monsieur Garin possédait, aux environs de Grenoble, des carrières de plâtre louées à un syndicat de propriétaires qui lui en donnait chaque année un revenu assez important. Mais quand les conventions touchèrent à leur terme elles ne furent pas renouvelées. Dans tout ce que le docteur avait entrepris, il avait déployé une froide énergie, une confiance dans la réussite finale qui avaient assuré son succès tant qu'il n'avait dépendu que de lui-même. Ces qualités l'entraînèrent à la création rapide d'une usine pour l'exploitation désormais personnelle de ses carrières.

On aura peine à croire à la possibilité de tous les voyages nécessités par cette entreprise. Le docteur partait la nuit, allait quelquefois dans le même jour à Grenoble et à Penol, pour revenir la nuit suivante.

Les travaux furent enfin organisés, mais une première gérance n'ayant pas été heureuse, il confia ses intérêts à un mandataire dont la probité lui parut d'autant plus sûre qu'il était chevalier de la Légion d'honneur. Ne recevant pas de demandes d'argent, le docteur fut tranquillisé ; les rapports étaient favorables et la situation paraissait de plus en plus prospère, lorsque Monsieur Garin apprit que son gérant avait endossé pour plus de 60.000 francs de billets fictifs, mais qui n'engageaient pas moins son nom. Pour notre cher Docteur, ce fut un coup foudroyant, car, si on ajoute à cette somme, qu'il paya en moins de quinze jours, la dépréciation de l'usine, désormais fermée, et les dettes de toutes sortes à solder, c'était bien près de 100.000 fr. qui sombraient dans cette catastrophe.

Son misérable auteur ne fut point jeté en prison : les supplications éplorées d'une famille, les épaves offertes, et la compassion pour les pauvres enfants de ce malheureux le sauvèrent.

Faisant l'histoire d'une âme, nous eussions négligé cet évènement d'un intérêt privé, si ses conséquences ne fussent pas venues en compléter son étude morale.

Dans un commerce, dans un mouvement actif de grandes affaires, un revers pareil, s'il n'est point ordinaire, entre du moins dans les prévisions et s'efface quelquefois rapidement.

Pour le Docteur, cette somme représentait vingt années du labeur que nous avons dépeint. Son temps prodigué, ses largesses charitables avaient limité sa fortune, mais elle lui avait semblé suffisante pour la sécurité de ses jours de repos : et la sécurité lui échappait, et le repos se dérobait peut-être pour toujours.

Ce qui frappa, ce fut l'austère simplicité de sa résignation ; sa peine la plus vive fut le chagrin que sa femme ne pouvait lui cacher. Il maîtrisait le sien à peine trahi par quelques mélancoliques regrets :

Pourtant j'avais promis de les revoir un jour
Ces champs aimés, ces vallons, ces prairies,
    Ma tonnelle de tuya.
Je m'étais proposé d'embellir mon séjour
De charmes inédits, de pelouses fleuries
    Et d'en faire un alhambra.

Et la perte de ce rêve ardemment caressé lui arrache ce cri ému :

Il faut encor qu'ici je traîne ma misère,
Sans espoir de repos, le but étant trop loin
    Trop près la fin de ma vie.

Ces accents douloureux laissent échapper une impression intime qu'il cachait soigneusement.

Le *but,* c'était de suffire à des engagements qui l'avaient dispensé de grever ses propriétés ; et ce fut au déclin de ses forces, que cet homme de bien nous donna le spectacle d'une âme forte vivifiant un corps fatigué pour lui faire accomplir une nouvelle carrière.

Il reprit donc l'activité de ses années de début, sans une plainte mais sans un répit ; sur ce point sa volonté étant inflexible : « J'ai fait une perte malheureuse, écrit-il simplement à son jeune ami, j'espère que je pourrai, Dieu aidant, la réparer. » Puis, quelques lignes plus loin : « Combien l'homme qui réfléchit doit être heureux de voir venir la fin de cette vie, et de pouvoir ainsi concevoir l'idée de l'infini, du temps, de l'espace une fois que l'âme ne sera pas enveloppée par la gangue ou matière qui fut constituée le despote de l'intelligence et qui la retient dans des langes bien et savamment organisés, mais qui n'en sont pas moins une prison. »

La nature aimante du bon docteur s'était à tel point dégagée de tout intérêt personnel, que ses soucis privés n'absorbèrent à aucun moment sa préoccupation soutenue du bien général. Son affectueuse estime pour ses confrères avait fait de lui un membre zélé de l'Association de Médecine, dont il ne manqua jamais que forcément les séances ; il s'honora d'avoir été en 1870 son président, enfin, une rente perpétuelle de 12 francs le range parmi les bienfaiteurs de l'Œuvre.

Moins de quatre mois après le malheureux évènement que nous venons de mentionner, le docteur annonça à son jeune ami qu'il arrivait à Paris comme délégué des Médecins de la Loire et de la Haute-Loire à l'assemblée générale de l'Association qui avait lieu pendant l'exposition de 1878. Lui-même s'était offert à cette mission. C'est qu'il appréciait singulièrement la force que donne une union collective, il s'estimait heureux d'apporter son concours à la faire grandir et à obtenir ainsi les résultats précieux d'une confraternité plus resserrée.

Sans parler de la séance de l'Assemblée et du banquet, le docteur remplit en deux jours le plus étourdissant des programmes, allant avec son cher étudiant de la Faculté aux hôpitaux, du Jardin des Plantes à l'Exposition, arpentant son Paris comme au temps jadis, et mêlant les avis les plus pratiques à l'humour de ses souvenirs. Car Dieu aidait sa ferme volonté et sa santé s'était raffermie avec un régime qui aurait dû en achever la ruine.

C'était la seule grâce qu'il demandait : pouvoir agir. Il avait repris ses courses lointaines, ses visites de nuit; le résultat de tant d'efforts était sensible et sa résignation se transformait peu à peu en confiance. Penol le vit encore bâtir et planter. Sa chère petite église reçut de nouveau ses dons. Elle s'était embellie de deux autels offerts par lui et Mademoiselle Garin; puis successivement de la table de communion, de tableaux, de lustres, que sais-je? l'humble église étant aussi dénudée que possible. Désireux de faire une nouvelle offrande, il écrivait en plaisantant pour l'atténuer : « Figure-toi que Saint-Joseph et la Sainte-Vierge se prêtent mutuellement leurs chandeliers à Penol. C'est assurément un bon mouvement des deux côtés ; mais Saint-Joseph avec son bâton de voyageur et sa position lancée en avant, semble toujours vouloir aller les redemander quand on les lui a pris. Cela fait de la peine à Madame Garin qui est aide sacristaine pendant son séjour là-bas, ; si ce n'est pas trop cher l'on verrait à lever ce poids de l'esprit de ma femme. »

Tous ceux qui aimaient notre cher médecin, et ils étaient nombreux, sentaient à mesure que le temps s'écoulait leur anxiété s'adoucir. Les imprudences ne se comptaient plus ; néanmoins, près de deux ans de cette spartiate existence s'étaient écoulés en déjouant toutes les craintes. Des prières continuelles demandaient et obtenaient pour lui cette force qui n'était pas un fait ordinaire ; telle était l'humble et reconnaissante impression du docteur.

Sous l'action puissante de cette vie d'abnégation, son âme avait achevé d'acquérir cette grandeur morale dont nous avons essayé la peinture.

Dans les préoccupations d'intérêt général qui l'aidaient à s'oublier, le relèvement de notre pays tenait la première place. Alors que l'autorité ébranlée n'a plus d'assise, que les lois faites ou défaites, selon la pression du moment, ne sont plus des freins et que la réunion des élus populaires forme le plus omnipotent des gouvernements, il ne voyait pas sans une sévère tristesse, l'insouciance des meilleurs à user de leurs droits, de leur influence pour le bon résultat des scrutins divers.

« La philosophie de l'histoire, disait-il avec son émotion communicative, nous apprend que toutes les défaillances amènent les mêmes chutes. Nous sommes dans les affres de la transformation, elle peut être bonne si toutes les énergies, toutes les intelligences honnêtes y concourent, mais c'est une erreur fatale de croire que le remède suit forcément le mal. Aux peuples comme aux individus, Dieu accorde son secours, non-seulement parce qu'ils en ont besoin, mais encore parce qu'ils s'en rendent dignes. »

Certes, il pouvait se dire l'ami du peuple celui qui, depuis trente ans, lui consacrait les efforts de chaque jour. Il l'aimait ce peuple, le vrai, celui qui sans phrases souffre, travaille, pratique sans s'en douter quelquefois, les vertus les plus élevées et arrive naturellement aux actes héroïques. C'est lui que Jésus a béni, et lui arracher sa foi et ses espérances, c'était, pensait le docteur, étouffer le cœur de la nation entière.

Quelle compassion intense de le voir trompé au profit de vulgaires jouisseurs, eux-mêmes assez aveugles pour ne voir dans les places arrachées à l'ignorance égarée, que le plaisir ou l'ambition sans craindre l'écrasante responsabilité qu'elles imposent.

Or, Monsieur Garin aurait voulu que le dévoûment de ceux qui étaient capables de servir la France soit à la hauteur de la convoitise de ceux qui ne savent que la dépouiller ; et comme pour lui, être convaincu, c'était agir, nous le vîmes surmonter des douleurs aiguës pour aller déposer un bulletin de vote, et, pour solliciter l'humble mandat de conseiller dans son village, entreprendre le voyage du Dauphiné, à peine remis des étreintes de la plus cruelle maladie ; car avant l'épreuve suprême, le bon docteur devait, comme un vaillant athlète, tomber et se relever une dernière fois.

Dans l'automne de 1879 ses terribles rhumatismes vinrent le ressaisir. Cette fois, ce ne fut pas un accès plus ou moins long ; l'invasion du mal fut si complète qu'elle dura près d'une année.

Bientôt le moindre mouvement provoqua une indicible souffrance. Qu'on juge ce que fut cette paralysie faite de tortures, persistant dans un paroxysme continuel pendant plus de quatre mois. Les soins admirables de la femme tant aimée furent le soutien de ce cruel état. Sans cesse à ses côtés, sa chère main adoucissait l'angoisse et suppléait à l'immobilité douloureuse du pauvre martyr qui ne demandait, qui ne voulait qu'elle seule. La stoïque constance du docteur n'étonnait plus ; ferme, résigné, c'est avec un héroïsme de saint qu'il endura ces tortures navrantes.

De nouveau le concours le plus empressé venait lui témoigner la sympathie publique ; ses collègues essayèrent d'atténuer l'acuité de ces effrayantes souffrances ; elles poursuivirent leur cours en laissant peu d'espoir. Cependant vinrent au printemps quelques symptômes de relâche, bien lentement les tourments s'adoucirent et nous eûmes la joie d'assister à une presque résurrection.

Je parle de joie..... l'alarme de son état et l'excès de nos craintes en faisaient seuls les éléments. Il se relevait, mais vieilli, brisé et tourmenté encore par la douleur.

Arrivé à ce point de nos souvenirs, leur mélancolie assombrirait ces lignes, s'ils n'évoquaient, en même temps que les tristesses dernières de cette touchante vie, la singulière beauté de l'âme qui les a portées sans fléchir.

Le stoïcisme païen a fait dire à l'homme : « Douleur tu n'es qu'un mot. » La force chrétienne est plus humaine et plus vraie. Notre vaillant ami a trouvé l'expression de la sienne en ces mots : « Plus je souffre, plus j'espère. » Ce courage, trempé à des sources surnaturelles, a été le spectacle admirable qui nous a saisis de la vérité de cette grande parole : « Rien n'est beau comme le juste aux prises avec l'adversité. »

Sa vertu épurée se maintint désormais dans cette sereine élévation ; il revint à la vie, le bon serviteur, avec un zèle plus ardent d'achever son œuvre. Un penseur a dit : « L'action par excellence, celle qui réunit tout, qui guérit tout, c'est la charité. » Cette charité avait été la mission terrestre du bon docteur, elle devait être son dernier et consolant entraînement.

Son indomptable vouloir, devançant ses forces,

dirigea vers l'hôpital, bien avant sa guérison, ses pas chancelants.

Depuis vingt-deux ans, il n'avait jamais été séparé aussi longtemps de ses chers malades, et nous savons avec quel dévouement il leur apportait ses services.

Dès ses débuts, il s'était imposé, comme une inflexible loi, une régularité extrême dans l'heure de sa visite. C'était un souvenir de son stage parisien. Il savait pour l'utilité de tous, dans une grande agglomération, les bienfaits d'un ordre suivi, et il connaissait trop l'angoisse des nuits accablées pour prolonger l'attente du soulagement.

Le service de la consultation gratuite était un poste qui lui restait cher entre tous.

C'est vers cette réunion matinale des misères et des maux d'une grande cité, que se traînèrent ses premiers pas. Il ne pouvait encore se rendre dans l'obscure demeure des malheureux, ils n'osaient pas tous aborder son cabinet, et chacun des jours de sa douloureuse convalescence, sa volonté de fer galvanisait son corps épuisé, afin de pouvoir apporter aux internes de l'hôpital le concours précieux d'une expérience faite de longues années de pratique.

Désormais, il reprit, pour ne plus la quitter, cette bienfaisante tâche dont il appréciait, avec l'élévation ordinaire de ses vues, toute l'importance.

Enfin, peu à peu, ses efforts devinrent moins pénibles, et ses courses plus prolongées. Après avoir eu besoin, pendant de longs jours, du bras de sa compagne, le cher docteur reprit bien lentement ses visites à une clientèle amie, heureuse de le revoir encore, sans oublier les pauvres, ses clients fidèles aussi !

Parmi les œuvres charitables qui retrouvaient son concours, il en est une dont nous n'avons pas encore parlé, et à laquelle il portait une estime, il accordait une admiration qui, venant d'un homme habitué à tous les dévouements, ont un prix particulier.

Une des collines qui dominent à l'ouest Saint-Etienne, envahies peu à peu par des demeures prolétaires, est couronnée à son sommet d'une élégante chapelle dont la flèche élancée porte dans la nue l'image de la Vierge, qui plane ainsi comme une providence visible sur l'industrielle cité.

Le plateau est morne ; il y a peu d'années, il était animé par d'incessants pèlerinages ; la chapelle est fermée, et dans son sanctuaire retentissaient alors les chants pieux. Enfin, à l'heure du repos, une voix grave et aérienne ne fait plus entendre sur la ville endormie les supplications de la prière.

Dans cet asile vivaient des hommes de paix dont l'action bienfaisante s'épandait sur les pauvres habitants de l'abrupte colline. Je ne parle pas seulement des aumônes de toutes sortes, recueillies pour être incessamment distribuées, des secours spirituels à la portée de tous ; leur exemple était un bien plus grand encore. Par la perfection chrétienne, ils adoucissaient cette question sociale qui fermente amère au cœur des malheureux. Ils étaient dépouillés ; et, volontairement, les égaux du plus pauvre, ils pouvaient lui dire : Mon frère, ces biens enviés ne forment pas toute la somme de bonheur possible, notre conviction en est si forte que nous les avons échangés contre de divines espérances qui sont aussi ton partage, si, en acceptant ton sort, tu ne l'améliores que par le travail et la vertu.

On le sait, des hommes se sont trouvés pour chasser ces chrétiens : ce sont les élus du peuple, et ils prétendent avoir servi la France !

A quelques pas du sanctuaire solitaire se trouve un établissement dont le développement rapide promet de grandir encore. C'est une création récente qui répond, comme toutes les belles œuvres de la charité catholique, à un pressant besoin. Animés d'une foi dévouée, nos pères avaient largement organisé la bienfaisance ; mais, dans une ville d'une extension aussi prompte, les maux vont grandissant encore plus vite que les ressources charitables et arriveraient à les dépasser si cette vivante foi ne fécondait sans cesse de nouveaux dévouements. C'est ainsi que les Petites Sœurs des Pauvres, secondées par les efforts d'une bien digne famille, ont ouvert un asile aux vieillards délaissés que la Charité ne peut tous abriter.

Un mal affreux qui est comme le *summum* des misères humaines avait également rempli toutes les places réservées aux incurables dans ce même hospice. Les tristes épaves de ce mal sans remède, les pauvres créatures rongées de plaies inguérissables, de cancers dont la vue rebute les plus fiers courages furent recueillies aussi.

Ce ne furent pas d'humbles religieuses, vouées à une vie de sacrifice, qui vinrent soigner ces malheureuses victimes et leur consacrer de longues heures, mais des femmes pour la plupart élégantes et riches, et toutes habituées à une vie aisée et indépendante. Les unes se partagent la tâche de gravir chaque jour la rampe escarpée pour panser de leurs mains bénies, pour distraire, pour consoler leurs pauvres malades. D'autres ont fait plus encore. Veuves, libres de leur temps, de leurs ressources, elles abritent leur vie à l'ombre de ces murs si récemment élevés pour réunir les pires infortunes. Celle qui les préside montre que s'il est beau pour une femme de fonder par son intelligence une grande fortune, en faire un aussi noble usage est plus admirable encore.

Pendant que l'incrédulité triomphante soulève la haine et déchaîne la destruction, l'amour du Christ fait cette merveille et fonde de telles œuvres.

Cet établissement se nomme le Calvaire. La pensée incessante d'un Dieu torturé et de son amour, peut seule consoler les douleurs et suggérer les dévouements que renferme son enceinte.

Il était dû, n'est-ce pas, au bon docteur d'associer sa charité à cette touchante création ; il lui était dû d'y laisser le souvenir doux et fort qui, dans cette maison bénie, perpétuera sa mémoire et lui gardera le tribut de prières qu'il trouvait la plus enviable des récompenses.

M. Garin ne s'était point fait d'illusion sur le

retour de ses forces, et regardait sa tâche comme terminée ; il avait eu un moment de suprême résignation, puis il se prit à espérer qu'il était réservé au soir de sa vie d'en accomplir une dernière.

Désormais, son activité, que rien ne pouvait abattre, se tourna vers le but. C'était le retour vers le pays natal, non plus seulement pour y chercher le repos désiré, mais pour lui procurer tous les bienfaits que sa passion du bien lui inspirait déjà. Ce fut le mobile qui le détermina à souhaiter un mandat municipal qu'il jugeait utile à ses futurs et charitables projets. Cette nouvelle mission, qui lui souriait tant et dont la préparation fut sa dernière joie, ne devait pas se réaliser.

Il fallait que cet homme de bien tombât comme un vaillant soldat sur ce champ de bataille où, depuis 22 ans, nous venons pas à pas de le suivre ; il le fallait, pour compléter la grandeur de cette figure et l'entourer de cette auréole que donne le sacrifice accompli jusqu'au bout.

Atteint d'une bronchite, M. Garin, selon son intrépide habitude, continuait son labeur professionnel malgré les frimas de décembre. Surpris dans une dernière course par une pluie pénétrante, il rentra chez lui en frissonnant. Le soir la pneumonie était déclarée.

Autour de lui l'inquiétude ne fut pas subite, on l'avait vu triompher des plus terribles secousses ; et lorsque, avec une sereine lucidité d'esprit, il réclama, comme il l'avait fait autrefois, le soutien des célestes consolations, ce fut un motif de plus pour espérer. On savait que cette âme forte devait puiser, dans une union que sa foi sentait divine, une énergie plus grande pour lutter contre le mal, et non cette pusillanime terreur qui rend ce consolant secours comme un suprême arrêt.

Hélas ! c'était pour le dernier combat qu'il se retrempait à cette source de la plus haute élévation de notre être. La gravité de son état grandissait rapidement ; ses collègues, tous pleins de la plus affectueuse estime pour cet homme si excellent, réunissaient leurs efforts communs contre un mal dont la violence ne triomphait que lentement de la vitalité excessive d'un organisme exceptionnel.

L'effroi de sa perte succédant à la confiance, ses deux sœurs accoururent du Dauphiné. Quelle angoisse autour de ce lit de douleur !

Comment notre plume inhabile et tremblante pourrait-elle dire la beauté de cette mort digne d'une telle vie ?

Avec une sûreté de diagnostic extraordinaire, il suivait les progrès des symptômes menaçants, buvant jusqu'à la lie, avec les affres de la souffrance, les austères amertumes du sacrifice que sa résignation et son espérance invincible rendirent complet.

Ses dispositions étaient prises pour que sa tendresse lui survécût par ses actes, ses conseils donnés, et calme, lucide malgré l'étreinte de l'ardente fièvre : « Je ne passerai pas la nuit, dit-il au cher parent qui l'assistait. »

Dès lors, son âme, prête à rompre ses derniers

liens, se détourna de tous les bruits terrestres pour s'absorber dans la pensée de l'immense et prochaine transfiguration ; et, comme les douleurs redoublaient, inspirant une compassion anxieuse, il y répondit par ces derniers mots qui résumaient, comme en un cri sublime, la profonde foi et tous les sentiments qui avaient animé sa vie : « Ah ! je consens à souffrir encore plus, pour voir Dieu face à face. »

A l'aube blanchissante, cet élan de son amour était réalisé.

Il est de ces désolations comprises seulement par ceux qui les ont une fois ressenties, nous n'en tracerons pas les déchirantes scènes.

C'était donc vrai : il n'était plus, l'époux, l'ami dévoué, l'homme de bien doux et charitable ! Il n'était plus, et à l'amère douleur des siens vint s'ajouter la poignante stupeur produite par la fatale nouvelle de cette fin prématurée. Un tribut de larmes et de regrets vint montrer la place que l'humble et bon docteur avait conquise dans tous les cœurs qui avaient appris à connaître la haute valeur de sa vie.

La sainteté a été définie : le don de la personnalité humaine. Ce don, il est rare de l'avoir fait aussi complet, aussi absolu que l'homme de bien que nous pleurions tous, et pour le déchirement que nous causait sa perte, et pour le vide qu'elle laissait derrière elle.

Fidèle à cet esprit d'effacement voulu, tant de

fois signalé, Monsieur Garin avait désiré des obsèques de la plus extrême simplicité. Mais il est un luxe dont ne jouissent complètement que le mérite et la vertu : c'est l'élan spontané qui forme un cortège de toutes les sympathies et de toutes les gratitudes réunies ; et ce cortège se fit ému et nombreux pour accompagner la dépouille mortelle du praticien aimé de tous, du médecin populaire qui fut si longtemps la providence visible des malheureux, et l'aide infatigable des grandes âmes vouées à leur secours.

C'était dans son cher Penol, à l'ombre de la vieille église, que le bon docteur devait reposer après sa mort. Le 29 décembre 1881 en est la date funèbre, et le 1er janvier 1882, une foule désolée, formée des populations voisines, se réunissait avec celle de son village pour entourer son cercueil des plus unanimes témoignages d'estime et de profonde douleur.

Ces sentiments se répétaient partout avec la même intensité émue.

Un éminent collègue du docteur avait voulu sceller une confraternité de trente ans en lui consacrant, jusqu'à sa fin, toutes les lumières d'une grande science médicale, puis en donnant à ses restes vénérés ces soins pieux qu'une gratitude constante peut seule reconnaître.

Président de la Société de Médecine, ce fut lui encore qui, au nom de tous, adressa un dernier adieu à celui qui avait été leur confrère dévoué, en retraçant les grands traits de sa vie dans un éloquent discours qu'il nous permettra de reproduire ici :

« Messieurs,

« Président de la Société de Médecine de Saint-Etienne et de la Loire, je suis chargé par mes collègues de donner le suprême adieu au docteur Garin, dont la tombe va se fermer. Je ne puis oublier en ce triste moment, que depuis plus de trente ans, soit sur les bancs de l'école, soit à l'Hôtel-Dieu de Saint-Etienne, nous vivions lui et moi, à côté l'un de l'autre, en camarades, en amis. C'est vous dire, Messieurs, combien cette perte me touche au cœur, et combien je suis incapable de vous parler longtemps, et comme il le mérite, de notre regretté confrère.

« Dans quelque temps, au sein de notre Société de Médecine, on racontera, avec les détails qu'elle comporte, cette vie pleine de labeurs et de dévouement ; on dira que ce vigoureux athlète des concours soutint avec l'élite de la chirurgie lyonnaise des luttes d'où il est sorti, sinon victorieux, du moins avec l'estime de ses adversaires et la gloire d'avoir honorablement figuré dans cette pléiade de jeunes chirurgiens qui sont tous devenus des maîtres illustres.

« Pour moi, messieurs, je ne saurais vous parler en ce moment que des qualités de son excellent cœur, toujours prêt à tous les dévouements, comptant pour rien ses peines, ses fatigues, quand il s'agissait d'obliger, de soulager ses semblables. Pauvre Garin ! quelle vie dure il a menée ! Travail de clientèle accablant, travail intellectuel, il menait tout de front, se tenant au courant de tous les progrès de la science.

« Il n'a jamais été inactif que lorsque la maladie, causée par ses fatigues excessives, le clouait sur son lit. Il n'a jamais goûté de repos avant le repos suprême.

« Digne et excellent confrère, sans apprêt, simple et bon, il n'a pas recueilli ici-bas le fruit de son labeur, la récompense due à ses œuvres ; il emporte du moins l'estime publique, l'affection et les regrets profonds de ceux qui l'ont connu et pratiqué. »

Oui, celui que nous nous sommes plu à nommer tant de fois le bon docteur a succombé dès la fin de sa tâche, mais il lui a été donné de la terminer, et ses jours étaient pleins.

Nous le savons, aucune récompense terrestre n'a jamais inspiré son courage, l'amour puisé aux pieds d'un modèle divin avait suffi à animer les œuvres touchantes de sa vie, et sa confiance en d'immortelles destinées a été son soutien, comme aussi le but qu'il donnait à ses aspirations. Il a donc pu souffrir sans se plaindre et renoncer à la vie sans amertume en élevant assez haut son cœur pour dire avec le poète :

Prends ton vol, ô mon âme, et dépouille tes chaînes;
Déposer le fardeau des misères humaines
    Est-ce donc là mourir?

Telle est la grandeur où peut s'élever notre nature. Pourquoi faut-il que le souffle dévastateur qui passe sur nos séculaires croyances en amoindrissant les caractères, enlève aux âmes un mobile souverain de force et d'amour.

Loin de Dieu, l'âme, la vie, l'univers tout entier ne forme plus qu'un vide immense, a dit un philosophe chrétien (1). Le dégoût, la haine s'emparent de milliers de cœurs qui pouvaient être grands et généreux ; et quand arrive le terme inexorable, le désespoir, en un dernier blasphème, nie l'immortalité qui, alors, se dresse terrible, et lui préfère le néant.

Cette sinistre désespérance a inspiré une école à son image, qui en note avec une éloquente vérité la farouche impression.

Ecoutez le poète :

DE PROFUNDIS.

Crachant au monde qu'il effleure
Sa bourdonnante vanité,
L'homme est un moucheron d'une heure
Qui veut pomper l'éternité ;
C'est un corps jouisseur qui souffre,
Un esprit ailé qui se tord,
C'est le brin d'herbe au bord du gouffre
    Avant la mort !

Puis, la main froide et violette,
Il pince et ramène ses draps,
Sans pouvoir dire qu'il halète,
Etreint par d'invisibles bras.
Et dans son cœur qui s'enténèbre,
Il entend siffler le remord,
Comme une vipère funèbre,
    Pendant la mort.

---

(1) Blanc de Saint-Bonnet.

Enfin l'homme se décompose,
S'émiette et se consume tout,
Le vent déterre cette chose
Et l'éparpille on ne sait où.
Et le dérisoire fantôme,
L'oubli, vient, s'accroupit et dort
Sur cette mémoire d'atome,
    Après la mort.

ROLLINAT.

L'amertume de cette plainte nous dit le sombre tourment auquel échappa toujours notre cher docteur, et sa noble vie en venge la désespérante conclusion.

Non, il n'est pas vrai que celui qui a souffert, qui a aimé l'humanité, qui lui a donné ses forces, son temps, sa vie, n'ait pas le droit de croire que son cœur vivra toujours en un amour encore plus intense.

Il n'est pas vrai qu'au moment suprême, le remords assombrit un esprit plein de la sereine confiance d'une grande tâche accomplie ; et une mémoire de plus en plus vénérée, ainsi que l'émotion qui a dicté ces lignes, disent que le souvenir d'un homme de bien va au contraire en grandissant toujours, et que les traces qu'il a laissées sont des empreintes bénies qui ne s'effaceront jamais.

E. MARGUERIT.

www.ingramcontent.com/pod-product-compliance
Lightning Source LLC
Chambersburg PA
CBHW070301100426
42743CB00011B/2303